이토록 다정한 개인주의자

일러두기

1. 이 책에서 소개하는 게시글과 댓글은 모두 인터넷에서 화제가 된 글들을 각색한 것으로, 이해를 돕기 위해 여러 글을 합치거나 가독성을 살리는 방향으로 분량을 수정하였습니다.

2. 함께 보면 좋을 동영상, 음악, 신문 기사는 QR코드를 수록하였습니다. QR코드가 제대로 인식되지 않을 경우 QR코드와 함께 기입한 출처를 통해 확인할 수 있습니다.

더불어 사는 삶을 위한
최소한의 도덕

이토록 다정한
개인주의자

함규진 지음

지금 우리에게 필요한
가장 현명한 태도에 관하여

　요즘 세상은 점점 더 시끄러워져 갑니다. 인터넷에서 각종 뉴스를 클릭해 보면 살벌하고 황당하며 참담하기까지 한 이야기들이 쏟아집니다. 보면 볼수록 무엇이 옳고 그른 건지, 또 누가 맞고 틀린 건지 감이 오지 않습니다. 이쪽은 독불장군으로 보이고, 저쪽은 내로남불('내가 하면 로맨스, 남이 하면 불륜'의 줄임말)하는 것으로 보입니다. 이런 세상에서 내 마음이라도 평화롭게 지키려면 이것저것에 모두 관심을 끊고 나를 우선으로 위하는 '똑똑한 개인주의'의 길을 벗어나지 않는 것이 현명해 보입니다.

　여러 분야의 학자들은 '인간이란 혼자인 상태를 추구하면서도 서로를 아쉬워하는 존재'라고 정의합니다. 자유를 빼앗기고 프라이버시가 없어진 상태의 인간은 차라리 죽는 편이 더 낫다고 느낍니다. 그러나 고립의 고통 또한 견디기 어렵습니다. '타인은 지옥'이라지만 타인에게서 희망을 찾고, 타인과 공감과 지지를 주고받으며 살 때 우리는 사람답게 살고 있다고 실감하게 됩니다.

이 시끄럽기 짝이 없는 세상에서 타인과 더불어 살아가려면 어떻게 해야 할까요? 애초에 왜 세상은 점점 시끄러워지고, 좋음과 옳음에 대한 기준이 뒤죽박죽되어 가는 것일까요? 이러한 질문에 답하기 위해서 우리에게는 철학과 윤리 의식이 필요합니다.

철학이란 '무엇이 옳은(right)지'에 대해 체계적이고 설득력 있게 풀어 나가는 방법이며, 윤리란 그런 옳음을 우리 모두의 좋음(good)으로 이어나가는 방법입니다.

이미 수많은 종교인과 사상가가 무엇이 옳은지, 우리가 할 수 있는 최선이 무엇인지에 대해 다양한 의견을 제시했습니다. 하지만 신, 전통, 관습처럼 모두가 동의하기 어려운 것에서 찾은 기준은 설득력이 크지 않을 것입니다.

"왜 내가 믿지 않는 종교의 계율을 지켜야 합니까?", "나는 한국인인데 중국인들의 오랜 예법이 무슨 상관이 있습니까?", "나는 한국인이지만 남성(및 여성)이기도 하고, 20대(또는 30대, 40대…)이기도 합니다. 여러 정체성과 그에 따른 수많은 가치관 및 이해관계에 얽혀 있습니다. 그런데 왜 '너는 한국인이니까', '너는 MZ니까' 이래야 한다는 말에 동의해야 합니까?"라고 반론할 수 있기 때문이지요.

그리하여 우리는 다시 '개인주의자'가 되어야 합니다. 여기서 개인 주의자가 되라는 말은 오로지 자신만을 생각하는 이기주의자가 되라는 뜻이 아닙니다. 나 자신의 양보할 수 없는 가치, 관심, 이해관계 등을 중심에 두되 타인과 더불어 살아가기 위해 노력해야 한다는 말입니다.

칸트의 의무론 vs. 밀의 무행위성의 법칙

개인의 자유를 기본으로 삼으면서도 우리 모두가 합의할 수 있는 철학 및 윤리학의 기준을 마련한 경우를 찾는다면 크게 두 가지를 손꼽을 수 있습니다. 바로, 칸트의 의무론과 존 스튜어트 밀의 무위해성의 원칙입니다.

'우리는 왜 사람을 죽여서는 안 될까? 신께서 그러지 말라고 하셨기 때문에? 하지만 그것은 우리 모두가 동의할 수 있는 근거가 못 된다. 만약 사람을 죽이는 일이 허용된다면, 나도 언제 누군가에게 죽임을 당할지 모른다. 따라서 내가 안전하려면, 사람을 죽이는 일을 보편적으로 금지해야만 한다.' 이처럼 칸트는 어떤 정체성을 가진 사람이든 동의할 수밖에 없다고 여겨지는 도덕 원칙들을 세우고 이를 절대적으로 지켜야 할 '정언명령'이라고 규정했습니다.

'원칙을 살짝 어겨도 스스로에게 손해가 없을 때는 지키지 않아도 괜찮지 않나?'라고 생각할 수도 있을 것입니다(예를 들어, 익명성의 뒤에 숨어서 마음껏 악플을 날린다거나). 그러나 칸트는 예외가 허용되다 보면 결국 모든 원칙이 무너질 것이고 모두가 위험해질 수 있다는 점을 상기시켰습니다. 그러면서 도덕 원칙을 의무적으로 지키게끔 '선한 의지'를 발휘해야 한다고 주장했습니다.

한편 자유주의자이자 공리주의자였던 밀은 이처럼 철두철미한 도덕 체계를 세우고 각자 욕망을 억제하며 원칙들을 지키도록 하는 방법이 충분히 현실적이지도, 이상적이지도 않다고 생각했습니다. 그는 사람은 되도록 원하는 대로 할 수 있어야 한다고 여겼습니다.

그러나 저마다 하고 싶은 대로 하다 보면 필연적으로 다른 사람의 원하는 일과 충돌하게 되며, 갈등이 일어날 수밖에 없습니다. 힘이 더 세거나 운이 더 좋은 사람이 마음대로 하게 되는 상황마저 벌어집니다. 그래서 밀은 "뭐든지 원하는 대로 하라! 다만, 남에게 피해를 주지 않는 한에서 그렇게 하라"라고 합니다. 이것이 무위해성의 원칙입니다. 이 두 가지의 윤리적 기준은 현대 윤리학에서 가장 중심적인 위치에 놓여 있습니다.

다정한 개인주의자가 되어야 하는 이유

사실 두 입장을 비판적으로 보는 사람도 많습니다. 의무론에는 두 가지 이상의 정언명령이 충돌하는 상황(가령 '하인츠 딜레마'라고 하는, 어떤 사람의 목숨을 살리려면 범죄를 저지를 수밖에 없는 상황)에서는 무력하다는 점에서 비판의 소지가 있습니다. 또한, 무엇이 옳고 무엇이 나쁜지에 대한 사람의 자연스러운 도덕감정(moral sentiment)을 일체 무시하고 합리적 판단만을 강요하는 것에 대한 회의가 따라 붙습니다.

무위해성의 원칙에는 '대체 어디까지가 피해를 주는 것이고, 어디까지가 아닌 것인가'라는 의문과 함께 '그것으로 충분할까?'라는 의문이 따릅니다. 어려운 사람을 돕고, 제도의 모순을 덜어내고, 부패한 사회를 개혁하는 등의 일에는 보다 적극적이고 열정적인 기준이 필요하다는 것입니다.

의무론도, 무위해성의 원칙도 모순이 있다면 우리가 현실에서 따를 수 있는 가장 합리적인 태도는 무엇일까요? 우선, 다른 사람과 관계를 맺고 대화할 때 각자의 의무를 지키고 해를 입히지 말자는 상호존중의 자세를 갖춰야 합니다. 또한, 여기에서 그칠 것이 아니라 때로는 좀 더 배려하고, 때로는 좀 더 양보하며, 때로는 좀 더 격려나 선의의 충고를 건네며 사는 것이 나와 우리 모두에게 더 좋습니다. 결국 우리는 개인주의자로 살되 가능한 한 다정해져야 합니다.

관점을 넓힐수록 답은 선명해진다

우리는 칸트와 밀만이 아닌 여러 사상가들의 기준을 참고할 수 있을 것입니다. 가령 '비행기가 착륙할 때 바깥 광경을 보고 싶어 하는 아이를 위해 나의 창가 자리를 잠시 양보해야 할까?'라는 문제에서 무위해성의 원칙을 적용해 보면 자리를 옮겨야 할 필요가 전혀 없다고 판단할 수 있습니다.

하지만 의무론적으로 보면 '사람들이 무엇도 양보하지 않는 사회가 되면 나의 삶도 곤란해진다. 따라서 나에게 큰 손해가 일어나지 않는 이상 양보하는 것이 더 좋다'라고 생각할 수 있습니다.

나아가 제러미 벤담(Jeremy Bentham)의 행위 공리주의로 본다면, '바깥 광경을 보려는 사람의 효용에 비해 네가 희생해야 할 효용이 많지 않다면 양보하는 게 옳다'라고도 볼 수 있습니다.

마찬가지로 '대학 시험 시간에 학생이 20분 늦었다면 시험 응시를 거부하는 게 옳은가, 허용하는 게 옳은가?'라는 문제에서는 고대 그리스와 동아시아에서 중시했던 중용(mesotes) 사상을 적용해 볼 수 있으며, '노키즈존 문제를 어떻게 보아야 할까?'에는 소피아 모로(Sophie Moreau)가 말한 '기본값으로서의 자유'를 생각해 볼 수 있습니다.

'이때는 의무론으로 보고 이때는 불교로 본다고?'라거나 '여기서는 공리주의적 접근의 문제점을 말하면서 또 여기서는 공리주의가 유용하다는데, 대체 어느 장단에 춤을 추라는 거야?'라며 고개를 갸우뚱할 수도 있습니다. 하지만 앞서 말했듯 오늘날 우리가 보는 문제는 무척 복잡하고 다양하기에 사람들 모두를 절대적으로 납득시킬 하나의 기준을 찾기가 어렵습니다.

물론 이 책에서 들고 있는 이론과는 다른 철학 이론을 기준삼아 문제를 풀어갈 수도 있겠지요. 하지만 적어도 우리가 '개인주의에서 출발해야 한다. 다만 최대한 다정하도록 애쓸 필요가 있다. 그러려면 관점과 해법의 다양성을 받아들이는 것이 좋다' 정도는 합의가 가능하지 않을까 합니다.

타인과 공존하는 현명한 개인으로 살아가기 위하여

이토록 다정한 개인주의자의 철학 있는 대화법을 찾고자 여기서는 '키보드 배틀'처럼 SNS나 인터넷 커뮤니티 등에서 벌어지는 논쟁들에 집중했습니다. 그것이야말로 우리의 일상에 친숙하면서, 익명성이나 비대면성 등 여러 가지 조건으로 더 과격해지기 쉬우며, 그러기에 오늘날 어떤 대화보다 더 철학과 윤리가 중요한 대화의 장이라 보기 때문입니다.

고대 로마의 철학자 에픽테토스는 "철학자의 강의실은 병원이다"라는 말을 남겼습니다. 인간은 살아가면서 몸의 병만이 아니라 마음의 병도 얻습니다. 그것을 치료하기 위해 심리상담센터와 정신병원이 있기는 하지만, 마음의 병은 자신의 삶에 대해, 사람들과의 관계에 대해, 사회의 부조리와 미래의 불안에 대해 풀리지 않는 수수께끼를 떠안고 있다 보니 생기기도 합니다. 그런 점에서 대가들의 철학-윤리학은 분노와 갈등으로 가득한 이 세상에서 더불어 살아갈 수 있는 길을 밝혀줍니다. 물론 길이 하나만 있는 것도 아니고, 길을 직접 걸어가는 것은 우리 자신에게 달려 있지만 말이죠.

먼저 타인을 이해하는 법에서 시작해 인간관계에서 겪는 난제에 대하여, 다음으로 사회적 관계에 대하여, 나아가 더 바람직한 사회구조에 대하여 여러 철학자가 남겨준 힌트를 찾아가 봅시다. 여기 모아둔 20가지 이야기는 어느 것을 먼저 읽어도 좋습니다. 관심이 가는 부분만 읽어도 좋겠죠. 개인의 문제에서 사회의 문제까지 순서대로 읽어나

가면 더욱 좋습니다.

　무한히 얽힌 사이버공간의 무한한 경로, 그 경로를 떠다니는 수많은 글 사이에서 다정함을 잃지 않고 한 사람의 개인으로 의젓하게 살아가는 데 이 책이 조금이라도 도움이 되기를 바랍니다.

차례

2장

자유면 다 내 마음대로 해도
되는 줄 알았는데

좋은 관계를 부르는 도덕

3장

때때로 불편한 질문이
필요한 이유

갈등을 멈추는 데 필요한 도덕

함께하기 위해 필요한 최소한의 태도

사회 구조를 변화시키는 도덕

1장

나만 옳다고
우기는 사람
벗어나기

서로 이해하기 위한 도덕

잘못한 걸 잘못했다고
솔직하게 말하면 왜 안 될까?

공자, 솔직함의 중요성

한동안 인터넷 커뮤니티 사이에서 격렬한 찬반 논란을 불러일으켰던 글이 있습니다(표1). 이 글은 서로 성향이 다른 두 자매의 경험담을 공유한 것으로, T인 언니와 F인 동생이 같은 사건을 두고 생각하는 방향이 달라 다툼이 생긴 사연이었습니다.

이 글에는 다양한 반응이 달렸습니다. 솔직한 게 좋은 거라는 의견부터 아무리 그래도 동생을 위로하는 게 먼저라는 주장, '이래서 T들은 안된다'라는 핀잔까지 각양각색이었지요. 이 글의 댓글에서 가장 많이 언급된 단어는 바로 '솔직함'이었습니다.

그렇다면 솔직함이란 무엇일까요? 사전에서는 "거짓이나 숨김이 없

[표1] 동생과 싸운 MBTI 'T언니'의 하소연 글

집 오니까 엄마가 동생 방에서 운대서 ??? 상태로 동생 방문 열었는데 ㅋㅋㅋ

눈코 시뻘게져서 "T는 나가!!" 이러는 거야. 달래서 얘기 들어보니까, 쉬는 날 출근한 것도 모자라 상사한테 혼났다는 거야. 근데 들어보니까 혼날 만해…. 근데 문 열 때부터 T한테는 말하기 싫다는 거 달래서 들은 거라 "음… 둘 다 잘못했네…" 했다가 쫓겨남. 쫓겨난 김에 소신 발언 하자면 동생 잘못 100퍼다 ㅠㅠ

이 바르고 곧음(표준국어대사전)"이라고 풀이합니다. MBTI가 T라는 이 언니분은 '동생이 잘못한 일'이라고 생각했고, 그대로 거짓도 숨김도 없이 이야기했으니 '솔직'한 게 맞는 듯합니다.

사실 솔직함은 많은 사상가가 바람직한 미덕이라고 격찬한 태도이기는 합니다.

"사람이 살아가려면 솔직해야 한다. 솔직함이 없이 살고 있다면 요행히 죽음을 면했을 따름이다."

《논어》, 〈옹야〉

"과장하는 사람은 자신에게 없거나 별로 없는 탁월함을 갖고 있다고 주장하는 사람이다. 반면 자기를 비하하는 사람은 갖고 있는 탁월함을 없다고 하거나 과소평가해 말하는 사람이다. 중용을 지키는 사람은 솔직하고 말과 행동이 진실한 사람이다. 그는 자신의 탁월함을 부인하지도, 과장하

[표2] T언니의 하소연을 둘러싼 댓글 반응

댓글 ▼
T언니 너무하네 ㅠㅠㅋㅋ 동생이 왜 나가라고 했는지 이해 완!
동생 잘못 백퍼인데 그래도 동생 앞에선 둘 다 잘못이라 말해줬네…
근데 냉정하고 옳은 판단하는 건 알겠는데 입 어떻게 못해? 말이라도 힘들겠다 하면 안 돼?
└ 남이면 그냥 넘길 수 있는데 내 동생이라고 생각하니 너무 힘들다 ㅋㅋ
└ 영혼 없는 달래기=애정 없음
내 잘못이라도 울 수 있잖아 짜증나고 속상해서ㅠㅠ 꼭 누구 잘못인지 판단해 줘야 돼? 안물안궁이야!

지도 않는다."

《니코마코스 윤리학》

공자(孔子)는 언제나 솔직한 태도를 잃지 않는 사람이야말로 사람답다고 하는 것 같습니다. 아리스토텔레스는 언제나 생각하는 그대로를 말하며 뽐내기 위해 부풀리지도, 겸손해 보인답시고 축소하지도 말라고 하는 듯합니다. 자, 그렇다면 이 이야기에서 우리는 '언니가 윤리적으로 흠잡을 데 없이 행동했으니 동생과 어머니는 반성해야 한다'라는 결론을 내릴 수 있을까요?

또한, 최근 대화 도중 '돌직구'를 날려 분위기를 싸하게 만드는 사람에게 표2의 댓글처럼 '너 T냐?'라고 핀잔주는 경우가 많습니다. 이 역시

[그림1] 솔직함을 소재로 한 밈(그림으로 재연)

잘못된 비판인 걸까요?

나를 위한 솔직함, 남을 위한 솔직함

조금 더 깊이 생각해 보기 위해 밈(meme, 인터넷 커뮤니티나 SNS 등지에서 트렌드로 떠오른 이미지나 짧은 글) 하나를 봅시다(그림1). "솔직함은 약점이 아니라고 생각한다"라는 말에 "당신 생각이 어떻든 알 게 뭔가요"라고 쏘아붙입니다. 모순적이지요? 자신이 솔직하다는 사실과 함께 그것이 '약점'일 수 있음도 증명했으니 말입니다.

솔직한 말을 들은 상대방 입장에서 생각해 봅시다. 기분이 어떨까요? 우리 이야기의 동생은 또 몰라도, 밑에 나오는 사람은 대단히 기분이 상했을 것 같습니다. 본인은 좋은 뜻에서 한 말인데 대놓고 면박을 당했으니까요. 이는 분위기 파악을 못한 정도를 넘어 '언어 폭력'을 한 것에 해당합니다. 달리 표현할 방법도 많고, 자기가 폭력을 당한 것도 아닌데 폭언을 사용했으니까요. 매우 자기중심적이고 타인에 대한 배려심이 없는 태도로 여겨집니다. 또한, 타인에게 해를 끼치는 일은 우리 언행의 자유로 정당화될 수 없고 윤리적으로도 부적절합니다.

그렇다면 공자나 아리스토텔레스와 같은 동서고금의 위대한 사상가들이 '타인을 배려하지 않으며, 일방적으로 해를 끼치는' 비윤리적인 일을 미덕이라고 격찬한 걸까요? 그렇지는 않을 것 같습니다.

미덕이 무엇인지에 대해서는 사상가들 사이에서도 서로 말이 다르지만, 자신의 이익보다 다른 사람이나 모두의 입장을 더 배려하는 태도라는 점에서는 다를 바가 없습니다. 따라서 언어 폭력을 서슴없이 행사하는 일이 미덕일 리는 없지요. 앞서 공자나 아리스토텔레스가 솔직함을 중시한 까닭도 그런 배려의 마음에 있습니다.

가령 선거를 한다고 가정해 봅시다. 자신의 장점을 과장하고 업적을 날조해서 당선된 후보자는 언젠가는 능력이 부족하다는 사실이 드러날 것이고, 결국 전체에 폐를 끼칠 것입니다. 반대로 지나치게 겸손해서 자신의 장점도 제대로 내세우지 않은 후보는 낙선함으로써 자신에게 적합한 자리를 고의로 외면한 셈이 됩니다. 그 역시 전체를 위해 좋은 일을 했다고 볼 수 없습니다. 그러므로 자신을 위해서라기보다 남을 위해, 모두를 위해 솔직해야 한다는 것이지요.

다시 앞의 이야기로 돌아가 봅시다. T언니는 괴로워하는 동생을 외면하지 않았고, 시간을 내 하소연을 들어주었고, 자신이 생각하는 대로 조언했습니다. 언니가 밈에서 나오는 사람처럼 언어 폭력을 휘둘렀다고 보기에는 무리가 있습니다. 그러나 감정이 격해 있던 동생에게 도움이 되었다고도 하기 어렵지요. 무위해성의 원칙에 비추어 그녀가 비윤리적으로 행동했다고는 할 수 없으나, 미덕을 발휘했다고 보기도 힘듭니다.

언니가 '신중함(prudence)'이라는 미덕을 발휘할 수 있었다면 먼저 격앙된 동생의 감정을 어루만져 가라앉혔을 것입니다. "저런, 정말 속상했겠네", "나도 그런 일이 있었어", "그런 말을 듣고 곧바로 조퇴하지 않고 버틴 게 대단하네" 등등 동생에게 공감하고 이해한다는 표시를 하여 감정이 누그러지도록 하는 거지요. 그래서 동생이 어느 정도 평정심을 회복한 뒤에 "하지만 상사로서는 어이가 없지 않았을까?", "네가 그런 실수를 할 아이가 아닌데 참", "다음부터는 잘하면 돼"와 같이 조심스럽게 동생이 자신의 행동을 반성하고 이를 교훈 삼아서 발전해 나갈 수 있도록 도와주는 게 바람직했을 겁니다. 이는 "네가 옳고 상사

이토록 다정한 개인주의자

가 틀렸어"라는 식으로 자신의 판단과 다른, 솔직하지 않은 위로를 하는 것과는 분명한 차이점이 존재합니다.

이처럼 '신중하고 배려하는 솔직함'만이 미덕이라 부를 만하겠지요.

T언니는 '팩트'만 보았을까?

또 한 가지 포인트가 있습니다. 이 이야기에서는 판단할 정보가 부족합니다만, '동생 잘못 100퍼'라는 언니의 판단이 섣불렀을 수도 있다는 점이지요. 어린아이도 아니고 회사를 다니는 어른이 울분을 못 이겨 펑펑 울 정도였다면, 상사가 동생의 잘못을 지적하면서 언어 폭력을 포함한 부당한 행동을 했을 가능성도 없지 않으니까요.

여기에서는 아무리 화가 나더라도 그 자리에서 대항하기 어려운 '상사'로부터 질책을 당했다는 점도 고려해야 합니다. 직무상 권력을 이용해서 갑질을 하고, 필요 이상으로 심적 부담을 안기는 경우가 조직에서는 결코 드물지 않으니까요. 이런 경우라면 "너의 잘못임을 인정하고 반성하라"라는 조언은 매우 부적절한 말이 됩니다.

반대로 언니의 조언보다도 더 따끔한 말이 필요한 상황일 수도 있습니다. 명백히 실수를 저질렀을 뿐만 아니라 상사가 특별히 과도한 질책을 한 것도 아닌데 동생이 자기 감정만 앞세웠을 수도 있지요. 주위 사람들이 무조건 "상사가 나빠. 자기는 얼마나 잘났길래. 너한테 분풀이한 게 틀림없어"와 같이 '우쭈쭈'해 주기만을 강요할 수도 있습니다. 사실 이는 직장에 다니는 성인보다는 어린아이에게 더 어울리는 경우랄까요.

이런 '떼쓰는 아이'에게는 냉정한 훈육이 필요합니다. 자신과 그 주변 사람들을 배려하려면 말입니다. 드물지만 이미 다 자란 성인이 그런 성격이라면? 글쎄요. 이미 가족의 조언은 효과가 없지 않을까요. 따라서 전문가의 상담을 통한 교정이 최선이 될 듯합니다.

이토록 다정한 개인주의자

"지금 차가 중요해,
내가 중요해?"

애덤 스미스, 역지사지와 동감

몇 년 전에 만들어진 뒤로 잊을 만하면 커뮤니티 등에 다시 올라오는 게시글 캡처(표3)가 있습니다. '남자와 여자가 싸울 수밖에 없는 이유'의 예시라면서 말이지요. 내용은 연인 사이의 대화입니다.

여성분이 차를 타고 어딘가를 가려 했나 봅니다. 그런데 마침 자동차 시동이 걸리지 않네요? 여성분이 남자친구에게 전화를 합니다. '차 시동이 걸리지 않는다', '오늘 차가 있어야 하는데 큰일이다', '어제까지만 해도 문제 없이 잘 되었는데 왜 하필 오늘…' 등등 투덜투덜 푸념하네요. 남성분은 차 시동이 걸리지 않는다는 말에 '배터리가 고장이 난 것일 수도 있으니까 라이트부터 켜 봐'라고 합니다. 이때부터 두 사람

[표3] 걱정해 주길 바라는 여성과 해결책을 주려는 남성 간의 대화

남자와 여자가 싸울 수밖에 없는 이유

여자: 자동차에 시동이 안 걸려.

남자: 그래? 배터리 나간 거 아냐? 라이트는 켜져?

여자: 어제까지 제대로 됐는데… 왜 갑자기 시동이 안 걸리지?

남자: 엔진 트러블이면 곤란한데… 일단 라이트는 들어오는지 확인해 봐.

여자: 나 약속 있어서 차 없으면 안 되는데….

남자: 큰일났네. 그래서 라이트는 켜지냐구.

여자: 왜?

남자: 시동이 안 걸린다며. 배터리가 나갔을 수 있으니까 확인해 보라고!

여자: 지금 나한테 화내는 거야?

남자: 화 안 냈어. 어서 해 봐.

여자: 화냈잖아. 내가 뭘 잘못했는데?

남자: 잘못한 거 없어. 괜찮으니까 어서 해 봐.

여자: 뭐가 괜찮은데?

남자: 배터리 괜찮은지 봐야지.

여자: 지금 차가 중요해?

의 말은 계속 평행선을 달리지요.

여성은 넋두리를, 남성은 문제 해결에 대한 조언을 반복하기에 대화가 계속 맴돕니다. 결국 두 사람 다 슬슬 짜증이 밀려옵니다. 여성은 '기술적 조언이 필요하면 기술자를 불렀겠지 네게 전화했겠니? 푸념 좀 들어주고 공감해 주면 안 돼?'라는 마음일 것이고, 남성은 '결국 자동차가 말을 안 들어서 문제인 거잖아. 어떻게든 같이 해결해 보자는

[표4] 다투는 남녀에 대한 댓글 반응

댓글 ▼
근데 이런 여자분 정말 있나요? 대부분 "응 알았어" 이러면서 바로 확인해 보던데 … 정말 한 번도 못 봄
└ 이런 사람 있더라구요;;;
└ 없을 리가요. 핸드폰 보며 운전하다 사람 치일 뻔해서 핸드폰 보지 말랬다가 욕먹은 적도 있는데요.
여자는 공감을 원하고 남자는 해결책을 원해서 영원히 대화가 안 된다고 하던데 그 말이 맞는 듯
이거 보여 주고 여자편 드는 여자는 바로 헤어지는 게 맞음
저런 여자가 있다는 게 안 믿기고 저런 여자를 만나는 남자가 있다는 건 더 안 믿기고… 근데 어딘가 실존한다는 사실

건데 왜 자꾸 딴 소리만 해?'라는 생각이겠지요. 표4의 댓글을 보면 이러한 상황에 공감하는 사람들도 많네요. 이러다가는 자동차가 문제가 아니라 연인끼리 싸움이 일어날 판이 됩니다.

남자와 여자는 다른 별 사람?

"남자는 화성에서 왔고, 여자는 금성에서 왔다"라는 말이 있습니다. 그만큼 남성과 여성의 사고방식 차이가 크다는 뜻으로, 존 그레이라는 미국의 심리치료사가 1990년대 말에 펴낸 책의 제목에서 비롯된 말입니다. 그의 책《화성에서 온 남자 금성에서 온 여자》는 세계적인 초베스트셀러가 되었고, '20세기의 가장 영향력 있었던 책' 중 하나로 꼽히기도 했습니다.

그런데 21세기에 들어서면서 그와 그의 책은 많은 공격을 받았습니다. 남녀의 차이를 과장하고 여성 차별을 부추기는 근거가 되었다는 겁니다. "남성은 관계보다 목표를 지향하고, 여성은 목표보다 관계를 중시한다"라는 그의 말은 자칫 여성이 조직 사회에서 겪는 유리천장을 정당화하는 구실이 될 수 있습니다. 또, "남성은 누군가에게 쓸모가 있을 때, 여성은 누군가에게 사랑을 받을 때 행복감을 느낀다"라는 말은 '여성이 있어야 할 곳은 가정이다'라는 주장에 힘을 실어줄 수 있지요.

그레이의 주장이 과학적인 분석보다는 임상적 경험을 바탕으로 하고 있으며, 따라서 스스로의 편견이 들어간 것일 수 있다는 지적도 나왔습니다. 2010년대에 이루어진 여러 뇌과학 연구는 남성과 여성의 뇌가 특별한 차이가 없음을 밝혀주었지요.

2015년에는 AP통신과 영국 일간지 가디언 등을 통해 '남녀의 뇌구조에 차이가 없다'라는 이스라엘 텔아비브대학의 연구 결과가 보도되기도 했습니다. 이 대학의 연구진이 1천 400명의 자기공명영상(MRI) 검사 결과를 분석한 결과, 한 사람의 뇌가 '남성적 특성' 또는 '여성적 특성'에 치우친 경우는 극히 드물다는 사실이 밝혀집니다. 오히려 남녀 모두의 특성을 겸비한 뇌가 훨씬 많았다는 분석 결과가 나왔지요.

이 연구를 이끈 다프나 조엘 교수는 "이런 결과는 인간의 뇌가 어느 한 쪽 성별의 카테고리에 속하지 않는다는 사실을 보여 준다"며, "차이가 있어도 남자의 뇌나 여자의 뇌로 구분되지 않고, 사람이 어느 면에서는 남성적이고 다른 면에서는 여성스러운 특성을 보이는 것도 이 때문"이라고 설명하기도 했습니다.

그런 점에서 우리의 '사랑싸움 커플' 이야기는 마치 《화성에서 온 남자 금성에서 온 여자》의 다음 내용과 무서울 만큼 맞아떨어지는데, 이를 어떻게 해석해야 옳을지 고민을 불러일으킵니다.

"남자는 스트레스를 심하게 받을 때나 심각한 고민이 있을 때는 평소의 모습과는 달리 말수가 없거나 관심을 끊고 오직 그 문제에 몰두하며 스스로 해결책을 모색한다. 이 책에서는 그 상태를 '동굴에 들어갔다'라고 표현한다. 하지만 여자는 정반대다. 금성여자는 스트레스가 심해지면 누군가와 끊임없이 이 문제에 대해 대화를 주고받는다. 즉 관계를 통해서 자신의 문제를 해결하고 관계를 더욱 돈독히 해나간다. 따라서 여자의 시각으로 볼 때 남자의 이러한 모습은 쉽게 이해하기 힘들다. 여자들은 남자들을 동굴 밖으로 잡아끌거나 자신을 사랑하지 않는다고 오해하고 화를 내지만 그럴수록 남자는 더욱 동굴 깊숙이 들어가 버린다. (…) 여자가 단지 남자의 공감을 얻기 위해 이야기를 할 때 남자는 여자가 그 문제를 해결해 주기를 바란다고 생각하고 해결책을 계속 제시한다."

2020년대에도 "화성남자 금성여자'의 성격에 꼭 맞아떨어지는 사례가 있구나! 과학이 틀린 거고 그레이가 맞았구나!"라고 해야 할까요? 이 게시글에 달린 댓글들(표4)을 보면, '저런 여자가 실제로 있냐?'라는 말들이 나옵니다. 적어도 '금성여자'다운 행동방식을 어김없이 모든 여성에게서 찾아볼 수는 없다는 거겠지요.

또한 그레이가 심리상담을 통해 얻은 남성상과 여성상이 과학, 다시 말해 뇌신경학과는 부합하지 않아도 일부 진실일 수 있습니다. 사회문화적 학습과 소통의 '방음실 효과'가 행동방식의 차이를 만들어냈다고도 볼 수 있으니까요. 말하자면, 어려서부터 '남자는~', '여자란~' 이런 말을 들으면서 크다 보니 태어날 때는 그다지 없었던 차이가 남녀 간에 싹틀 수 있습니다. 만약 어느 정도 성장한 뒤에도 남성과 여성이 격의 없이 어울리는 일이 그리 흔하거나 자연스럽다고 여겨지지 않는 문화 속에 산다면 속내는 동성 친구들과 공유하는 일이 많겠지요. 그러면 아동기에 형성된 남성상-여성상이 더욱 강화되어 "남자끼리 뭐 그런 시시한 이야기나 하고 있냐? 게임이나 하러 가자!", 또는 "우리 여자들끼리 모였으니 수다 한 번 밤새 떨어 보자고!"라는 식으로 사회적 소통의 패턴이 굳어지지 않겠습니까? 결국 태어날 때는 크게 다르지 않았건만(물론 뇌신경만 볼 때 그렇습니다. 테스토스테론과 에스트로겐이라는 호르몬의 분비 차이가 남녀의 차이점을 형성하는 데 어느 정도 영향을 미치겠지요), 살다 보니 마치 다른 별에서 온 다른 생물처럼 여겨질 정도로 다른 사고방식과 행동방식을 갖게 될 여지도 있는 것입니다.

차이를 바로 앎으로써 화합할 수 있다

그런데 이쯤에서 만약 존 그레이와 인터뷰를 해 본다면 그는 "난 억울해요!"라고 할지 모릅니다. 그가 남성과 여성의 차이를 강조한 까닭은 둘 사이에 싸움을 붙이고 싶어서도, 남녀가 따로따로 노는 게 좋다 여겨서도 아니었기 때문이지요. 여성에게 가부장적 성역할을 강요하기 위해서는 더더욱 아니었습니다. 심리상담사였던 그는 남성과 여성이 서로를 이해하고 불필요한 오해와 다툼을 피할 수 있도록 돕고자 화성과 금성을 끌어왔던 것입니다.

'나와 다른, 심지어 불쾌한 타인을 이해하고 받아들이기'를 그레이보다 2백여 년 더 전에 강조한 사람이 있습니다. 바로 영국의 애덤 스미스(Adam Smith)입니다. 그는 경제학자로 흔히 알려져 있지만 그 스스로는 철학자라고 여겼습니다. '보이지 않는 손'을 제시한 《국부론》보다 앞선 당대의 베스트셀러 《도덕감정론》에서 '동감(sympathy)'의 중요성을 역설했지요.

동감이란 그야말로 '마음을 같이' 하는 것입니다. 상대가 좋은 일이 있으면 나도 기쁘고, 괴로워하고 있으면 나도 마음이 편치 않은 그런 것이지요. 모든 인간은 측은지심(惻隱之心), 즉 힘들어하는 타인을 불쌍하게 여기는 마음을 타고난다고 본 맹자와 같이 스미스도 모두에게 동감 능력이 있다고 보았습니다. 인간은 자신의 문제가 아닌 경우에도 타인과 감정을 나눌 수 있고, 그렇게 감정을 나눌 때 행복해하는 존재라 생각한 것이지요.

그러나 감정은 미묘하고 자칫 도를 넘어버리기 쉽기에, 지금 나의 동감과 그에 따른 반응이 타당한지 의심스러울 때도 있습니다. 기본적인 공감은 하되 입장에 맞는 자세를 갖추지 않고 선을 넘는다거나, 죄값을 치러야 마땅할 자에게 "불쌍해", "당신은 무죄야", "천사야"라고 하지는 않을지 등등 우려되는 부분이 있는 것이지요. 이때 스미스는 마음속에 '공평한 관찰자(impartial spectator)'를 세우라고 합니다. 감정에 휩싸이지 말고 이성적으로, 너와 나의 입장 어느 쪽에도 기울어지지 않은 채 '이 사람이 이렇게 행동하는 게 과연 옳을까?', '나는 이 사람에게 어떻게 대하는 게 적합할까?'를 판단해야 한다는 것이지요. 우리는 감정과 이성을 적절히 조합함으로써 건전한 인간관계를 가질 수 있습니다.

이런 적절한 조합은 역지사지(易地思之)의 방법을 통해 이뤄낼 수 있습니다. 먼저 상대가 그렇게 행동하게 된 원인을 동감을 통해 찾아야 하지요. 그의 입장에 서 보면 알 수 있습니다. 그리고 그런 행동에 나는 조용히 경청해야 할지, 맞장구를 쳐 주어야 할지, "네가 그러는 건 이해가 돼. 하지만 이건 잊지 마"와 같이 훈계를 해야 할지 등을 공평하게 판단해야지요. 요즘 유행하는 MBTI 이론으로 말하자면, T(이성)와 F(감성)를 적절히 섞어서 쓸 때 인간관계를 잘할 수 있습니다.

비대면에서 더욱 중요한 '역지사지'

다시 한번 문제의 커플 이야기를 살펴봅시다. 이야기 자체보다 댓글의 반응들을요. 댓글러들이 동감과 공평한 관찰자의 기능을 잘 수행하고 있다면 다음과 같은 반응을 보였을 것입니다.

'남자도 빡치겠네. 하지만 여자 입장도 이해가 가', '자기 이야기만 하지 말고 상대의 말에 귀를 기울이면 좋았을 텐데', '저런 경우는 종종 있어. 남자 여자 따질 게 아니지'

불행히도 이런 반응은 주류가 아닙니다. 두 사람 중 여성의 태도만 문제시하고, '저런 여자가 실제로 있냐?'부터 시작해서 '저런 여자는 걸러야 돼'로, 더 나아가 '여자들은 늘 저 모양이야!'라는 반응으로 이어지기 쉽습니다.

이 에피소드가 밈화되면서 나중에 나온 버전들은 대화 내용을 축약해 여성의 태도가 더욱 어이없게 느껴지게끔 부각시킵니다. 이건 '관계 지향성의 여자, 목표지향성의 남자' 차원의 문제가 아닙니다. '여자는 비합리적, 남자는 합리적'이라는 거지요. 여성을 비하하고, 여성을 공평한 토론 상대 자격이 없는 종족인 것처럼 몰아가는 뜻으로 활용됩니다.

서로의 차이를 이해하고 좋은 인간관계를 이어가게 하려던 존 그레이의 뜻이 여성 비하라고 곡해되었다면, 가상공간에서는 그에 걸맞아 보이는 사례를 극단적인 여성 비하의 자료로 둔갑시킨 것입니다.

애덤 스미스가 모든 사람에게 일깨워 주려 노력한 동감과 역지사지의 원칙, 그것은 단지 실제 얼굴을 마주하는 사람들 사이에서만 의미 있는 것이 아니겠지요. 사실 비대면 상황일 때 동감과 역지사지의 원칙이 더욱 필요한 것이 아닐까요? 상대를 다시 만날 수 없는 상황에서 건넨 말들은 아무리 시간이 지나더라도 절대 주워 담을 수 없으니 말입니다.

과거를 말하는 건
모두 꼰대일까?

데이비드 흄, 우연의 힘

2020년, 가수 영탁이 부른 〈꼰대라떼〉*라는 노래 가사를 한번 봅시다. '제발 그만그만 그만해 오늘도 반복되는 꼰대라떼 … 뻔뻔하게 뻔하게 반복되는 하루가 지나간다 왕년에 내가 말하신다면 오늘도 시작이구나 니까짓 게 뭘 알아 궁금하시면 라떼를 한잔 드세요'라는 가사가 나옵니다. "나 때는 말이야…"라며 듣기 싫은 말을 하는 연장자나 선배 등을 '꼰대'라고 지칭하는 것이지요. 대략 이즈음부터 소위 말하는 꼰

◆

영탁, 〈꼰대라떼〉

　　　　　　　　이토록 다정한 개인주의자

[표5] '꼰대'와 관련한 다양한 의견들

요즘 꼰대몰이로 사람 이상하게 만드는 문화 생긴 거 같음

라떼는… 이 말만 써도 꼰대몰이
자기들 조금만 불편해지는 상황 오면 또 꼰대몰이
'너한테 지장 안 가잖아' 하는 마인드
그럼 체계와 질서가 왜 있어?
꼰대 취급해도 무시하고 할 말은 하세요. 기본도 안 된 것들이 충고를 비방으로 받아들이는 거임. 반박 시 님 말 다 맞음

댓글 ▼

꼰대라는 단어 뜻이 세대별로 좀 다른 듯 ㅋㅋㅋ 요즘 애들은 지 맘에 안 들면 업무 알려줘도 그냥 다 꼰대래

체계와 질서를 꼰대질로만 잡아야 한다는 꼰대 생각을 버려요~

미안한데 라떼는 꼰대 맞음

찐 꼰대는 라떼는~ 같은 멘트 없이 꼰대짓 하지

그냥 기본을 말해줘도 꼰대 소리 듣는 시대라… 말을 하지 말아야 하는 건지 꼰대 소리 듣더라도 지적해야 하는지. 답이 없음

대에 대한 불호가 사회적으로도 큰 공감을 얻고 유행을 타기 시작한 듯합니다. 오죽하면 '쟤들 왜 저러지, 내가 쟤들만할 때는 안 그랬는데'라고 무심코 생각하다가 '아차, 이거 내가 꼰대인 건가?' 하며 당황하는 일조차 흔한 모양입니다.

인터넷에 올라온 한 게시물의 예를 보겠습니다(표5). 사회 차원에서도 꼰대와 라떼에 민감해지고 있습니다. 꼰대라떼가 더 심해지면 직장

내 괴롭힘으로 발전하기도 하고, 이 때문에 사법처리의 대상이 될 수도 있습니다. 아직은 '음주, 흡연, 회식 등을 강요하는 행위' 정도이나, 상사의 싫은 행동을 참고 넘기면 안 된다는 사회적 분위기가 점점 짙어져 가는 상황에서 앞으로는 무심코 "나 때는…" 하고 말했다가 판사가 "…어땠길래요?"라고 물어보는 일을 겪게 될지도 모릅니다.

그런데 사실 자신이 예전에 겪은 일은 편하고 흥미로운 대화의 주제입니다. 친구, 연인, 가족과의 대화에서 "나 오늘 알바할 때 일인데…", "지난 여름에 하와이에서 말이지…", "아, 내가 얘기했던 우리 회사 라떼 부장 있잖아? 그 부장 지난주에는 뭐라고 했는지 알아?" 등과 같은 이야기들을 뺀다면 대화가 무척 재미없어지겠지요. "나 이번에 XXX개론 듣거든? 그런데 좀 빡센 느낌이야"라는 말에 "응 나도 그 수업 들어봤는데, 학점 잘 따려면…"이라고 답하는 등 서로의 옛날 경험에서 요긴한 정보를 주고받을 수도 있습니다.

그러면 왜 "라떼"는 문제가 될까요? 일단 윗사람이 하는 말이라는 게 껄끄럽지요. 대화 주제가 재미가 없어도 "부장님, 저 그런 이야기 1도 관심 없거든요? 그만 하시지요?"라고 솔직하게 말하기 어려우니까요. 게다가 "군대에서 축구한 이야기" 정도라면 짜증나지만 참더라도, "나 때는 잘했는데 너희들은 왜 그 모양이야?"라는 식의 비하적 성격이 들어가니까 더 들어주기 어렵지요. 시대가 바뀌고 사정이 달라졌는데도 자신의 행운을 행운이라 인식 못하고 '노오오오력하면 뭐든 다 된다'라는 생각으로 하는 말은 화가 나지 않을 수 없습니다.

"자네 나이가 서른이 넘었지, 아마?"

"35 됩니다."

"그런데 왜 결혼을 안 해? 안 하는 거야, 못 하는 거야?"

"…못 하는 거겠지요? 저하고 제 남자친구 수입을 따져 보면 수도권에 집 얻기가 어려워서요."

"에이, 그건 핑계지! 돈 좀 없다고 왜 결혼을 못 해? 나 때는 곰팡내나는 반지하 단칸방에서 신혼살림 차렸어! 애 낳고도 한 방에서 서넛이 함께 먹고 자고 했다고! 요즘은 그저 편한 것만 찾으니까 출산율이 요 모양인 거야! 젊은이들이 도무지 근성이 없어! 젊어서 고생은 사서도 해야지!"

이렇게 시대의 변화(예전보다 부동산 가격이 상상할 수 없을 정도로 뛰었다, 자신이나 자식에게 일반적으로 기대하는 생활 수준이 예전과 다르다 등등)에 무지하면서 개인이나 세대, 또는 특정 성을 폄하하는 발언을 일삼는다면 상대가 웃사람이고 뭐고 울컥하게 되겠지요.

내일도 태양이 떠오른다고? 어떻게 알아?

그렇다면 라떼 이야기를 두고 어떤 철학을 불러올 수 있을까요? 데이비드 흄(David Hume)은 18세기 영국의 철학자입니다. 그는 합리적인 추론의 힘을 불신하고 경험에서 얻는 지식을 중시했던 영국 사상사의 전통을 이어받았습니다. 그러나 한편으로 경험적 지식을 지나치게 믿고 그것에서 어떤 확실한 인과관계를 발견했다고 믿는 일이 위험하다고도 경고했지요. 다음과 같이 "태양은 과연 내일도 떠오를 것인가?"라는 유명한 질문에서 그 경고를 읽을 수 있습니다.

"과연 내일도 태양이 떠오를까?"

"무슨 그런 어이없는 질문을 하는가? 당연히 뜨겠지!"

"내일도 태양이 뜬다는 근거는?"

"그야 어제도 뜨고 그제도 떴으니까."

"어제, 그제 태양이 뜬 사실은 부정할 수 없지. 하지만 그것이 내일도 뜨리라는 확실한 근거일 수 있을까?"

"어쩌다 한두 번 일어난 일이라면 모르지만, 태양은 아득한 옛날부터 셀 수 없이 많은 날 동안 어김없이 떠오르지 않았나? 그러니 내일도 틀림없이 떠오르리라 믿어도 되지."

"아니야. 똑같은 일이 아무리 많이 일어났다고 해도 그게 앞으로도 또 일어나리라는 확실한 근거가 되지는 않네. 단지 우연히 그렇게 되었을 뿐일지도 몰라. 그 가능성을 완전히 배제할 수 없지."

어떤 일이 반복되면 우리는 그것이 어떤 법칙에 따라 으레 일어나는 일이라고 생각합니다. 그러나 흄이 보기에는 그것은 근거 없는 상상일 뿐인 것이지요. 가령 여러 번 1등 당첨 복권이 나왔다는 복권 판매점이 '명당'이라며 길게 줄을 늘어서서 복권을 사는 일이 있지요? 흄에 따르면 이는 단순한 우연에 의미와 법칙을 부여하고 싶어 하는 인간의 어리석음에서 비롯된 행동입니다. 흄은 나아가 "나는 내 능력과 노력으로 성공했다!"와 같은 자랑 역시 비판합니다. 능력과 노력도 작용이야

했겠지만, 성공하느냐 실패하느냐는 대부분 운의 결과라는 것이지요.

그렇게 볼 때 "나는 이렇게 해서 성공했다, 너희는 왜 못하느냐"라는 라떼 이야기는 운의 힘을 생각하지 못하는 억지 주장이라고 할 수 있습니다.

'르상티망'을 조심하자!

과거의 경험은 전혀 쓸모가 없는 것일까요? 그렇지는 않겠지요. 통제할 수 없는 운의 작용을 최대한 빼놓고 과거의 상황과 지금의 상황을 냉정하게 비교 분석한다면 일정한 교훈을 얻을 수 있습니다. 그런 라떼는 괜찮은 라떼가 아닐까요?

이런 경우도 한번 봅시다(표6). 누가 '학교 다닐 때 얼굴이 못생긴 남학생이 짝이 되면 실망한 나머지 책상에 엎드려 우는 여학생이 있었더라'라는 글을 올렸는데요, 못생긴 학생에 '찐따'라는 표현을 쓴 점이 사람들의 뇌관을 건드렸습니다. '학교폭력 미화', '인권 무시', '여성 비하'라는 비난까지 이어지네요. 처음 비난 댓글을 단 사람은 과거에 자신이 찐따 소리를 들었다며 '왜 남의 아픈 상처를 건드리느냐, 이것도 언어 폭력이다'라는 이야기를 했는데, 갈수록 원글쓴이에게 '미개하다', '사람이냐', '미개하다' 등의 언어 폭력이 쏟아집니다.

'찐따'로 학창 시절을 보냈던 사람은 그 표현에 울컥할만 합니다. 하지만 글 내용에 글쓴이가 학우를 찐따라며 괴롭혔다는 말은 없지요. 댓글 단 사람에게 찐따라고 공격한 것도 아닙니다. '어쨌든 불쾌할 수 있

[표6] 학창시절 '찐따'와 관련된 게시글과 댓글 반응

학창시절 애들 울리는 데 1등 공신이던 거

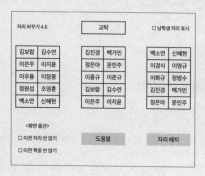

이거 쓸 때 여자애들 찐따 옆자리 걸리면 바로 책상에 머리 박고 울고 그러잖아.
그러면 주변 여자애들 와서 찐따 째려보고 우는 애 위로해 주고 ㅋㅋㅋ

댓글 ▼

학교폭력 피해자들 조롱하려는 의미로 올리신 글인가요? 저는 님이 '찐따'라고 표현한 학교폭력 피해자 중 한 명입니다. 보고 너무 화가 나네요.

여자만 우나요? 그분도 마음속에선 울고도 남았을 겁니다.

이런 글을 올리는 것부터가 학교폭력에 대한 인식이 바르지 않은 것이고, 가해자를 욕해야 할 판에 피해자를 욕하게 되는 겁니다.

사람이세요? 재미있나 봐요? 학교폭력 피해자들 조롱하는 게 그렇게 재미있으신 가요? 당신은 평생 정상인은 안 되시겠네요

재밌으라고 올리신 것 같은데 전혀 재미없네요. 그리고 하필 여자만 울리게 만든 다는 부분도 매우 거슬립니다. 제 학창시절 땐 남자들도 바뀐 짝이 마음에 들지 않는다고 발악했었는데요. 아무렇지도 않고 당당하게 이유 없는 집단 따돌림, 인권 조롱을 유머로 소비하는 모습 역겹네요.

세상에 이렇게 미개한 사람이 아직도 있었다니!

는 표현을 쓴 까닭이 뭐냐', '어투를 보면 그런 일을 안타까워했다는 느낌이 아니다', '본인이 가담하지 않았어도 말리지 않았다면 가담이나 마찬가지다' 등의 이유를 댈 수는 있을 겁니다. 그러나 아무리 그래도 글쓴이는 '나 학교 다닐 때는 이런 일도 있었다'라며 가볍게 올린 글인데, 이토록 격렬한 부정적 반응을 뒤집어쓰고 인간 말종으로까지 몰릴 줄은 몰랐을 것입니다.

라떼 이야기가 아니더라도 익명성을 가진 온라인상의 대화에서는 이런 일이 잦습니다. 전체적인 문맥이나 기본적인 의도와는 관계 없이 표현 하나를 꼬집거나 의도를 곡해하면서 과도한 비난을 퍼붓고, 상대를 악마로 몰아세우는 경우지요.

독일의 철학자 프리드리히 니체는 이런 현상에 응용할 수 있는 '르상티망(ressentiment)'이라는 개념을 제시했습니다. 원래 '원망(resentment)'을 뜻하는 이 개념은 자신의 불행이나 좌절의 원인을 스스로에게서 찾지 않고 타인에게 돌리려는 태도와 그에 따른 악감정을 나타냅니다. 상대를 과도히 악마화하며 '나의 실패는 오로지 저 녀석 때문', '저 녀석이 성공한 것은 나는 선해서 하지 않은 악행을 저질렀기 때문'이라는 식으로 몰아가는 것이지요. 니체는 이를 '나약한 자들이 스스로를 위로하기 위한 노예의 도덕'이라 부르며 경멸합니다.

간단히 말하면 '뒷담화의 철학'이 르상티망이라고 할 수 있습니다. 자신의 열패감을 해소하고 누군가를 '정당하게' 공격하면서 쾌감을 얻는 전형적 방법이 뒷담화입니다. 온라인의 특성상 대놓고 벌어지지만 과장, 왜곡에 이은 과도한 악마화와 언어 폭력은 뒷담화의 르상티망이라고 할 수 있지요.

라떼 혐오에도 르상티망이 들어가는 경우가 있습니다. 좀 더 분발하라는 상대의 훈계가 호의와 진실을 담고 있거나 새겨들으면 도움이 되는 때도 있으니까요. 라떼를 입에 올리기만 하면 무조건 반발하고, 겉으로는 고개를 끄덕이다가 그가 듣지 않는 곳에서 "망할 꼰대, 지겨운 라떼!"라고 뒷담화하는 경우라면 르상티망이 담긴 것이라고 할 수 있겠지요.

결국 옛날이야기는 잘만 하면 흥미진진하고 유익한 커뮤니케이션 주제가 됩니다. 그러나 생각 없는 라떼는 악감정만 유발하고 건강한 인간관계를 해칩니다. 자신의 경험을 이야기할 때 '혹시 내가 지금 우연에 대한 흄의 경고를 어기고 있지 않은가?'라고 생각해 봅시다. 또한, 그 경험을 들을 때도 '혹시 들어서 손해볼 것 없는 이야기, 또는 그저 가벼운 이야기인데도 내가 르상티망에 빠져 반감을 키우는 것은 아닌가?'라고 생각해 봅시다. 나부터 돌아보고, 객관적인 시각으로 상대를 대하여 꼰대와 혐오가 판치는 사회가 서로를 배려하고 존중하는 사회로 바뀔 수 있도록 합시다.

살면서 한 번쯤은 꼭 만나야 할 철학자들 1

공자 B.C.551 ~ B.C.479

중국 춘추전국시대의 사상가이자 유교의 시조(始祖)다. 동아 시아적 휴머니즘이라고 할 수 있는 '인(仁)'을 최초로 제시하였 다. 주나라의 예(禮)와 악(樂)을 정리하여 유학의 기초 경전을 정립하였으며, 이 예악을 바탕으로 하는 정치 실현을 목표로 많은 제자들을 가르쳤다.

애덤 스미스 1723 ~ 1790

영국의 철학자이자 경제학자이다. 《도덕감정론》을 통해 인간 이 여러 가지 감정을 바탕으로 타인과 상호작용 할 수 있는 '동 감'을 갖는 존재임을 밝혔다. 이후 《국부론》을 출간하면서 '경 제학의 아버지'로 불리게 된다.

데이비드 흄 1711 ~ 1776

영국의 가장 위대한 철학자 중 하나이다. 당시 영국의 경험주 의를 완성시켰다고 평가받으며, 애덤 스미스와 함께 스코틀랜 드 계몽주의 운동을 대표하는 인물이다. 도덕의 선악 판단은 '그 도덕이 얼마나 감정적으로 유용한가'에 달려 있다고 주장 하여 이후 공리주의 사상에 큰 영향을 끼쳤다.

2장

자유면 다
내 마음대로 해도
되는 줄 알았는데

좋은 관계를 부르는 도덕

고속버스 좌석 등받이를 마음대로 젖혀도 괜찮을까?

리처드 브란트, 규칙 공리주의

고속버스나 기차에서 좌석 등받이를 젖혀도 될지, 아니면 그대로 두어야 할지 고민해 본 경험이 있나요? 다들 한 번쯤은 그런 생각을 해 보았을 것입니다. 최근 좌석 등받이를 내리는 문제가 큰 싸움으로까지 번져 뉴스와 인터넷을 뜨겁게 달구기도 했습니다(표7, 그림2).

이 소식을 접한 사람들은 다양한 반응을 보였습니다. 끝까지 등받이를 올리지 않았던 승객 B를 향한 분노가 대부분이었지요. 심지어 신상털기까지 벌어져 그의 얼굴 등이 공개되기도 했습니다. 그러나 공격적인 어조로 이야기한 승객 A의 태도나 버스의 등받이 구조 자체를 문제 삼은 소수의 사람들도 있었습니다.

[표7] 고속버스 좌석 등받이 갈등 상황을 자세히 설명한 온라인 게시글

고속버스에서 이상한 사람 봄

상황 얘기하면 대충 이럼. 어떤 사람이 자리 앉자마자 좌석을 뒷사람 무릎에 닿을 정도로 뒤로 젖혀서 싸움이 난 거임.

승객 A: 이봐요! 지금 뭐하는 거야? 등받이 당장 위로 올려요!

승객 B: 내가 왜요? 내 돈으로 표 사서 탔는데 등받이를 어쩌든 내 맘이죠.

승객 A: 뒷사람은 어쩌라고 니 맘이야? XX 당장 안 올려?(앞좌석을 발로 차며 화를 낸다)

운전기사: (소란을 듣고 가까이 와서)저기요, 손님. 뒤에 앉은 분이 불편하시니까 등받이 좀 올려 주시겠습니까?

승객 B: 내가 왜 그래야 하는데요? 등받이는 젖히라고 만든 거잖아요. 그래서 젖혔을 뿐인데.

운전기사: 그래도 뒤에 어르신이 불편하시잖아요. 다 같이 있는 공간인데 양보 좀 해 주시죠.

승객 B: 양보를 왜 강요해요? 등받이를 어쩌건 내 자유인데 발로 차질 않나, 욕하질 않나? 어르신이면 다예요?

승객 A: 뭐야? 너 말 다했냐?

운전기사: 아, 쯤……

댓글 ▼

뒤에 사람은 어쩌라고… 완전 황당 그 자체

나였으면 의자 계속 찼을 듯

나도 기차 탈 때 저런 적 있었음. 어떤 남자가 기차에서 저렇게 눕혀 놔서 뒷자리 할아버지 거의 앉지도 못하게 하더라고. 할아버지도 항의하고 남자 승무원도 와서 이야기하는데 무시했음. 또라이더라

이럴 거면 왜 의자 젖히게 만들어 놓는 거냐? 그냥 고정해 버리지

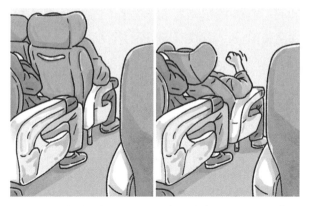

[그림2] 온라인에서 화제가 된 고속버스 좌석 등받이 사건(그림으로 묘사)◆

이 사건을 윤리 문제로 풀어 보면 간단해 보입니다. '승객 B의 행동은 비윤리적'이라는 것이지요. 승객 B는 자신의 자유를 행사했을 뿐이라고 하지만, 뒤에 앉은 승객의 무릎이 눌리고 꼼짝도 못할 정도로 심하게 등받이를 젖혀 그 승객에게 실질적인 피해를 주었습니다. 무위해성의 원칙, 즉 '행동은 자유롭게 하되 타인에게 피해를 주면 안 된다'라는 점에서 아주 명확하게 비윤리적이라고 판단할 수 있을 듯합니다.

그렇지만 승객 B는 스스로 '억울하다'라고 생각할 것 같습니다. '왜 내가 비윤리적인 사람 취급을 받아야 하느냐?'라며 납득하지 못하는 거지요. 이유는 첫째, 자신은 미리 정해진 규정에 어긋나게 행동한 게

◆
유튜브 '연합뉴스TV'
([씬속뉴스] 고속버스 이어 기차 등받이 논란…'내 돈 내고 젖히는데 왜?' vs "전세 냈어?")

전혀 없다는 것입니다. 정해진 요금을 내고 고속버스 좌석을 구매했고, 정해진 최대 한도 내에서 등받이를 젖혔으니까요. 자신의 행동을 비판하기에 앞서 고속버스 회사에서 미리 '뒷사람을 생각해서 등받이는 되도록 젖히지 말아야 합니다'라는 경고문을 붙여 놓거나, 아예 의자가 젖혀지지 않도록 만들었어야 하지 않냐는 겁니다.

그렇다고 해도 자신의 행동이 명백히 타인에게 피해를 주고 있음을 안 이상 승객 B는 그 행동을 그만두어야 마땅하지요. 하지만 '규칙이 제대로 만들어져 있지 않다'라며 불평할 여지는 있어 보입니다. 만약 무심코 젖힌 의자가 뒷사람에게 피해를 준다는 사실을 알자마자 의자를 바로 하고서 의자를 만든 방식에 대해 불평했다면 우리는 그를 별로 타박하지 않았을 것입니다.

빌런으로 몰아붙이면 그만인 걸까?

'규칙 공리주의(rule utilitarianism)'라는 사상이 있습니다. 제러미 벤담(Jeremy Bentham)에서 시작되는 '행위 공리주의(act utilitarianism, 존 스튜어트 밀이나 규칙 공리주의를 주장한 리처드 브란트 등의 공리주의와 구별하기 위한 명칭)'에서 파생된 이 사상은 '최대다수의 최대행복'이라는 공리주의의 기본 이상을 실현하려면 최적의 규칙을 찾고 세워야 한다고 봅니다.

이들의 관점에서 보면 두 가지 입장에서 문제를 바라보게 됩니다. 우선 '뒷사람이 없는 경우에는 앞사람이 최대한 의자를 뒤로 젖혀도 그 사람의 행복이 늘어날 뿐 불행이 늘어나지 않는다. 따라서 좌석 등받

이토록 다정한 개인주의자

이를 젖히도록 설계해야 한다'라고 볼 수 있을 것입니다. 또는, '뒷사람이 있는 경우도 있으며, 그러면 앞사람의 늘어난 행복 이상으로 뒷사람의 불행이 늘어난다. 따라서 좌석 등받이를 젖히게 설계해서는 안 된다'라고 생각할 수도 있지요. 만약 선택지가 이 둘밖에 없다면 두 번째가 더 합당해 보입니다. 좌석을 뒤로 젖히지 못한다고 해서 큰 불편이 발생하진 않지만, 앞사람의 젖혀진 의자 때문에 뒷사람이 겪는 불편은 심각하기 때문입니다.

승객 B는 또 이런 반론을 내세울 수 있습니다. "나도 뒷사람에게 해를 입었다. 그는 의자를 발로 차고 거칠게 말했다"와 같이요. 네, 분명 승객 A의 태도도 적절해 보이지는 않습니다. 보다 부드럽고 공손하게 부탁할 수 있었을 테니까요. 하지만 원인 제공을 한 쪽이 B이고, A가 처음부터 공격적이지는 않았으며, 자신의 입장을 무시하는 듯한 B에게 분노하면서 거친 언행을 하게 된 점 등을 보았을 때 B의 잘못이 더 크다고 볼 수 있겠습니다.

승객 B의 마지막 반론은 이것입니다. "운전기사까지 나서서 뒷사람이 어르신이라는 사실을 내세우며 양보를 강요했다". 윤리는 합리성에도 기댑니다만, 논리로 설명할 수 없는 도덕감정(moral sentiment)에도 많이 기대고 있습니다. 이 도덕감정은 시대와 장소에 따라 달라지기에 어떤 곳에서는 옳다고 여겨진 행동이 다른 곳에서는 비난을 받는 수도 있습니다. 윤리학은 흄처럼 오직 도덕감정에만 근거해 윤리적 규칙을 세워야 한다는 입장과 임마누엘 칸트처럼 감정을 배제하고 이성에 근거해서만 규칙을 세워야 한다는 입장 사이에서 갈등해 왔습니다. 아마 그 사이 어디쯤에서 중용을 찾는 것이 윤리적인 삶을 고민하는 모든 사람의 숙제겠지요.

과거 우리나라에서는 젊은이가 노인에게 양보하는 것이 미덕이라는 도덕감정이 지배적이었습니다. 유교의 장유유서(長幼有序) 이념과 상대적으로 강자인 젊은이가 약자인 노인을 우선 배려하는 일이 미덕이라는 생각이 합쳐진 결과였지요. 하지만 요즘에는 이에 의문을 품는 사람도 많습니다. 대중교통에서 자리를 양보하는 문제를 비롯해 '단지 나이를 많이 먹었다고 해서 왜 무조건 양보를 받아야 하는가'라는 주장을 둘러싸고 논쟁이 종종 벌어지곤 합니다.

이를 더 길게 이야기할 기회는 다음에 찾고, 지금은 우리의 사례에만 비춰서 보도록 합시다. '약자를 배려하는 게 옳다'라는 생각은 시대와 장소를 초월해 대부분 통용됩니다. 대중교통 좌석 문제에서 노인은 일반적으로 젊은이에 비해 약자입니다. 근육이 쇠퇴하고 여러 질병을 앓는 경우도 많아 똑같이 서서 가더라도 젊은이보다 몸의 부담이 크기 때문이지요.

하지만 고속버스 좌석의 경우에는 그렇다고 볼 수 없습니다. 의자를 뒤로 젖히면 편한 것, 또 그 의자에 무릎이 눌리면 불편한 것은 젊었거나 늙었거나 별 차이가 없습니다. 그렇다면 "어르신이니까 당신이 배려해라"라는 주장은 승객 B의 입장에서는 납득하기 어려웠을 수도 있습니다. 그 어르신으로부터 불쾌한 대접을 받았다는 점도 고려하면 승

이토록 다정한 개인주의자

객 B는 "왜 나만 나쁘다고 하느냐"라고 목소리를 높일 수도 있겠지요.

아무리 그래도 남에게 해를 끼치고 있음을 알면서도 그 행동을 고집하는 것은 어떤 고려를 하더라도 정당화하기가 어렵습니다. 규칙에 대한 의문, 상대방의 태도, 일방적인 양보의 강요 등에 대한 불만은 먼저 의자부터 원위치한 다음에야 제기할 만했지요.

정말로 아쉬운 것은 대화이다

여기서 한 가지를 더 생각해 봅시다. 도대체 왜 의자를 젖혀지게 만든 걸까요? 고속버스만이 아닙니다. 기차도, 비행기의 좌석도 뒤로 젖혀집니다. 얼마 전에는 비행기에서 뒷사람의 항의에도 아랑곳하지 않고 등받이를 젖혔다가 뒷사람이 보복으로 앞사람 좌석에 발을 올려 주먹다짐이 벌어지기도 했습니다. 당사자는 물론 같은 공간에 있던 다른 승객들, 직원들까지 불편을 겪는 이런 경우를 아예 방지하기 위해 좌석이 젖혀지지 않게 만드는 것이 낫지 않았을까요?

꼭 그렇지는 않습니다. 이때 규칙 공리주의적 판단에는 또 다른 선택지가 들어올 수 있기 때문이지요. 좌석을 만드는 사람도 고정식으로 만들었으면 비용이 덜 들었을 것입니다. 그러나 굳이 젖혀지도록 한 이유는 '서로 소통하여 협력하면 최대 다수의 행복이 보장된다'라는 점에 있습니다. 즉, 앞사람의 등받이가 젖혀져서 나의 공간을 침범할 경우 나도 등받이를 젖히면 되는 것이지요. 모든 승객이 등받이를 같은 각도로 조정한다면 모두가 편안하게 여행을 즐길 수 있습니다.

물론 절대적으로 그렇다고는 볼 수 없습니다. 개중에는 등받이를 젖히지 않고 등을 꼿꼿이 세운 채로 여행하기를 선호하는 경우도 있을 테니까요. 따라서 '뒤에서도 젖히겠지 뭐' 하며 일방적으로 등받이를 젖히면 곤란합니다.

"저, 지금 허리가 조금 아픈데 등받이를 젖혀도 괜찮을까요?"

"아, 많이 아프세요? 저는 지금 책을 읽고 있어서 제 등받이를 젖히고는 싶지 않지만, 많이 아프시다면 그렇게 하세요."

"아닙니다. 폐를 끼칠 수는 없지요."

"네, 다 읽고 나면 알려드리겠습니다."

"감사합니다."

이렇게 대화와 합의를 통해 각자의 등받이를 조절하기로 한다면 그것이 규칙 공리주의로 볼 때 가장 이상적이지 않을까요?

많은 논란을 일으킨 고속버스 좌석 민폐 사건에서 가장 안타까운 점은 무엇보다도 이런 소통이 없었다는 점입니다. 위르겐 하버마스를 비롯한 사상가들은 인간은 기본적으로 합리적 문제해결 능력이 있는 존재이므로 각자의 의견과 입장을 자유롭고 공정하게 소통해 나간다면 어떤 사회문제도 원만히 해결할 수 있으리라 보았습니다. 그러나 소통이 단절되고 자기 목소리만 내는 사회는 정글과 같다고도 했지요. 우리가 느끼기에 이 사회가 점점 비인간적이고 비윤리적으로 되어가고 있는 듯하다면, 그것은 모두 자기 입장만 챙기기 바쁘고, 소통으로 갈등을 해결하려는 자세를 잊었기 때문일 수 있습니다.

선생님의 복장이 내 눈에 이상하면 민원을 넣어도 될까?

필립 페팃, 비지배 자유

얼마 전 한 초등학교 교사의 죽음이 큰 파장을 불러일으킨 일이 있었습니다. 그 교사는 오랜 노력 끝에 교사로 부임한 지 얼마 되지 않은, 좋은 교사가 되려는 의욕이 넘치는 사람이었답니다. 하지만 계속되는 심리적 압박을 견디다 못해 그만 극단적인 선택을 했지요. 그 압박의 주 원인이 학부모의 과도한 민원이었다 하여, 우리나라 사상 최초의 대규모 교사 시위가 매주 여의도 등에서 이뤄지며 비탄과 울분을 쏟아 내었더랍니다.

'군사부일체(君師父一體)'라는 말에서 알 수 있듯 이 땅에서는 오랫동안 교사를 대단히 떠받드는 문화가 있었고, 대한민국에 들어서도 교사의 권위는 오랜 기간 존중되었습니다. 그래서 자기 자녀를 훈계할 때 사용해 달라고 학부모가 교사에게 '사랑의 매'를 선물하는 경우까지 있었지요. 하지만 인권 존중 문제가 우리 사회에서 고개를 들면서부터 '상급자'인 교사가 그 지위를 이용하여 학생에게 폭력을 휘두르거나 "느이 아부지 뭐하시노?" 식으로 괴롭히는 일은 그 어떤 이유로도 용납할 수 없다는 인식이 자리 잡게 됩니다. 그러다 보니 이제는 반대로 교사들이 학생이나 학부모에게 시달리는 일이 문제가 되고 있는 현실이지요.

최근 인터넷에서 한 선생님이 자신의 고충을 토로한 글이 화제가 되었습니다(표8). 글을 작성한 사람은 3년차 중학교 선생님으로, 다른 선생님들도 학부모를 대하며 자신과 비슷한 경험을 한 적이 있는지를 묻는 글이었지요. 자녀가 점심 먹는 모습을 매일 동영상이나 사진으로 찍어 보내 달라는 학부모, 본인의 자녀가 반장이 되지 못한 것에 분노하여 밤낮 가리지 않고 2주째 카톡과 전화를 하는 학부모, 선생님의 SNS를 보고 사생활 하나하나를 지적하는 문자를 보내는 학부모 등등 다양한 사례가 있었습니다. 이 게시글을 본 사람들은 '그렇게 신경 쓰이면 홈스쿨링을 할 것이지 개인 교사로 착각하는 것이 아니냐', '이런 학부모들 때문에 나도 선생님을 하다가 그만 두었다'와 같이 부정적인 반응을 보였습니다(표9).

이런 갈등의 한편에는 '아무리 좋은 선생님이라도 남이니 나처럼 알뜰히 챙겨주지는 않을 터, 하나하나 따지면서 지적해야 마땅하다'라고

이토록 다정한 개인주의자

[표8] 학부모의 간섭에 지친 선생님의 고민 글

요즘 학부모님들 다 이런가요?

저는 3년차 교사입니다. 그런데 너무 스트레스가 많아요. 다른 교사 분들도 이런 경우가 있는지 궁금해서 글 올립니다.

1. 본인 자녀 점심 먹는 모습을 매일 동영상, 사진으로 보내달라는 학부모
2. 본인 자녀가 반장이 되지 못함에 분노의 전화+카톡을 주말, 밤 할 것 없이 2주 째 보냄
3. 담임의 SNS 간섭 및 감시

   ⋮

8. 담임의 복장 단속
9. 본인의 재력 및 남편의 사회적 지위 과시
10. 본인 자녀 생일파티 참석 강요

정말 쓰려면 끝도 없이 쓰겠지만 특정될까 봐 여기까지만 씁니다. 매년 이런 학부모들을 상대해야 한다는 생각에 없던 두통이 몰려오고, 유별난 학부모들 때문에 그 자식마저 미워질 지경입니다. 그 애한테는 조금의 신경도 쓰기 싫어지네요. 본인들은 알까요? 유난을 떨면 떨수록 자식에게 득이 없다는 걸⋯

보는 부모의 자식 사랑이 있습니다. 다른 한편에는 '가정에서는 부모의 뜻대로 양육과 훈육을 하더라도 아이가 학교 생활을 할 때 지도하는 역할은 교사의 몫이니, 원칙에 따라 적절한 지도를 하는 일에 간섭해서는 곤란하다'라는 교사의 직업적 책임의식이 있지요. 결국 사랑과 책임감 그 어느 쪽도 잘못은 아니므로 학부모와 교사가 더 나은 지도

[표9] 선생님의 고민을 둘러싼 댓글 반응

댓글 ▼
와 진짜 너무 극성이네요. 그렇게 신경 쓰이면 홈스터디 시키지. 교사를 자기 애 전용 개인 교사로 착각하는 듯
저럴 거면 집에서 싸고 돌며 키우지 왜 방생하는지 모르겠다
저런 걸 요구하는 학부모가 제정신이 아닌 거예요. 아닌 건 아니라고, 잘못된 건 잘 못되었다고 확실하게 말하세요. 자기보다 세 보이는 선생님한테는 안 그럽니다
학부모들은 적정선이라는 게 없음. 자기 자식이 최고라고 생각해서 애가 안 좋은 행동해서 상담하면 니가 뭘 아냐는 식으로 나오지. 애 있는 게 벼슬인 줄 아는 부 모들 많음
저도 비슷한 경우 너무 많았네요. 아침 7시부터 전화하거나 자기가 깜빡한 도시락을 부모한테 챙겨달라고 하기도 하고. 옷 참견은 거의 기본이었어요. SNS도 맨날 염탐 하고 그래서 다 비공개하고. 3년이 지난 지금도 지긋지긋해서 아무것도 안 하네요

방법에 대해 활발히 소통하고 합의, 협력해 나가는 게 상책이겠다 싶 습니다.

그런데 학생 지도를 넘어서 교사의 사생활로 보이는 영역에까지 학 부모가 간섭하는 일은 어떻게 봐야 할까요? 교사의 개인 SNS를 스토킹 하면서 '연인이랑 놀러다니는 게 보기 안 좋다', '학교 근처 술집에서 왜 술을 마시느냐', '옷을 더 단정하게 입어라'라고 훈수를 두는 문제 말입 니다.

물론 직업에 따르는 법적 의무와 윤리가 개인의 자유를 어느 정도 제한할 수 있습니다. 고위 공직자는 재산을 공개해야 할 의무가 있으 며, 교사를 포함한 일반 공직자도 겸직이 금지됩니다. 또한, '김영란

법'에 따르면 공직자는 자신은 물론 그 배우자까지, 직무 관련자에게 일정 액수 이상의 선물을 받을 수 없습니다. 군인이나 경찰이 제복을 입어야 하는 의무도 있지요.

교사 등에게 겸직이 금지되는 것은 국가공무원법 제63조에 규정된 '품위 유지의 의무' 때문입니다. 범법 행위를 포함한 일로 교사로서 요구되는 품격이 손상되었다 여겨질 때, 해당 범법 행위에 따른 처벌 외에도 징계를 받는다는 관행적 조치도 이 조항에서 비롯된 것입니다. 앞서 이야기한 초등교사 사건으로 분위기가 바뀌기 전까지는 이 조항에 근거해 교사가 아동학대 혐의로 고소를 당하면 묻지도 따지지도 않고 곧바로 직위해제되거나, 법정에서 무죄로 밝혀지더라도 학교에서 '품위 유지를 못했다'며 복직을 불허하는 일이 잦았습니다.

아무튼 교사에게 일반인보다 사생활을 더 조심스럽게 가져가야 한다는 법적 의무가 있음은 사실인데, 그렇다고 연인과 데이트를 해서도 안 되고, 여행을 가서도 안 된다는 이야기는 교사의 윤리적 의무를 지나치게 주장하는 것으로 보입니다. 교사라고 해서 데이트나 여행 같은 가장 기본적인 일상생활을 누릴 자유가 없다는 것은 명백한 인권 무시입니다.

또한, 학생들이 선생님이 데이트하거나 술을 마시는 장면을 본다고 한들 그것이 그 학생들에게 유해하다고도 보기 어렵습니다. '선생님도 연애를 하고 술을 드시는구나. 나도 연애하고 술 마시고 싶다'라는 생각이 들 수도 있고 그것이 유해하다면 교사는 임신을 해서도 안 되고,

결혼을 해서도 안 될 것입니다. 그리고 도리어 교사의 인간적인 모습을 자연스럽게 보여 주는 편이 교육상 긍정적일 수도 있습니다.

교사라면 단정한 복장을 해야만 한다?

마지막으로 교사의 복장 문제만 따져 봅시다. 표8의 사례에서 '선생님 옷차림이 그게 뭐예요? 교사면 교사답게 단정하게 입으세요!'라는 학부모의 비난성 요구에 댓글도 대체로 반발하는 반응을 보이고 있네요. '교사는 옷도 마음대로 입을 자유가 없느냐?', '아이를 학교에 보내 놓고 그렇게도 걱정이 많고 마음이 안 놓이면 차라리 24시간 끼고 살아라!' 등의 댓글이 대부분입니다.

하지만 비슷한 고민을 토로하는 또 다른 글에서는 '그냥 선생이란 직업을 빌미로 관심 받으려는 부류 아냐?', '저렇게 입으면 분명 다른 교사들이 뭐라고 할텐데, 복장 규정 없나?' 등등과 같이 다른 반응이 나오기도 하는군요. 이는 다소 가벼워 보이는 의상을 입고 수업하는 교사의 사진이 올라왔을 때 커뮤니티에서 보인 반응입니다.

'교사가 저렇게 입으면 안 되지'와 '꼰대질이냐'의 싸움이라 할까요. '교사라면 단정하게 입을 필요가 있다. 다만 그걸 심하게 지적질하는 것은 별로다' 정도가 지금 우리나라 사람들이 대체로 가진 인식이 아닐까 싶습니다.

교사의 복장에 대해 국가공무원법의 '품위 유지 의무'는 국가공무원 복무 규정 제8조 2에서 '공무원은 근무 중 그 품위를 유지할 수 있는 단

이토록 다정한 개인주의자

정한 복장을 하여야 한다'로 이어져 있습니다. 그런데 대체 단정한 복장이 뭘까요? 맨살이 부위별로 몇 센티미터까지 드러나야 단정한 걸까요? 옷 색깔은 어떤 것이든 괜찮은 걸까요, 아니면 너무 화려하거나 요란한 색은 안 되는 걸까요?

과거에는 남성이 귀걸이나 목걸이를 하면 불량배로 취급되었고, 여성이라도 너무 눈에 띄는 장신구는 단정하지 못하다 여겼습니다. 하지만 보는 시각이 많이 바뀐 지금은 어떤 것으로 단정함을 판단할 수 있을까요?

외국의 경우를 한번 봅시다. 최근 프랑스에서 한 남자 초등교사의 차림이 화제에 오른 적이 있습니다. 이 교사는 단정하다, 못하다의 차원을 넘어 '사람 맞아?'라고 할 정도의 문신을 온몸에 하고 태연히 교단에 섰습니다. 프랑스든 어느 다른 나라든 그런 사람, 그런 교사가 많지는 않다 보니 논란이 되었습니다.

하지만 논란의 대상은 되어도 징계의 대상이 되지는 않았지요. 프랑스의 복무 규정에는 '특정 종교를 나타내는 표지를 착용하면 안 된다'만 있기 때문입니다. 이외에는 무엇을 입고 무엇을 바르든지 자유입니다. 심지어 정치색을 드러내는 배지나 구호를 쓴 티셔츠를 입어도 뭐라고 할 수 없습니다. 다만 어린아이의 경우 눈동자까지 빠짐없이 문신을 한 것을 보면 공포감을 느낄 수도 있기에 유치원 근무는 스스로 그만뒀습니다만…. 서구에서는 그만큼 공직자, 교사라는 이유로 개인의 자유를 침해해서는 안 된다고 여기는 듯합니다.

간섭받지 않을 자유보다 중요한 것

서구의 예를 꼭 모범으로 삼을 필요는 없습니다. 하지만 '품위 유지'라는 모호하기 짝이 없는 규정으로 개인의 자유를 속박하는 일은 자유민주주의 사회에서 바람직하다고 할 수 없습니다. 밀의 무위해성 원칙에서 개인의 자유를 속박하는 유일한 근거는 '타인에게 피해를 끼칠 경우'인데, 그 '피해'란 게 무엇인지 모호하다면 올바른 기준이라 보기 어렵지요.

이처럼 기준이 모호하다 보니 우리 사회에서는 학교장의 비리를 고발한 교사를 품위 유지를 들먹이며 징계하기도 합니다. 복무 규정상 분명히 '근무 중'을 전제로 하고 있음에도 사생활에서 수영복을 입고 그 사진을 SNS에 올렸다고 해서 징계하는 일도 벌어지고 있습니다. 월권이자 인권유린이지요. 그런데도 '교사라면 점잖아야 하지 않나…' 하는 사회 분위기에 힘입어 강압적인 교육기구의 월권과 자녀를 과보호하는 학부모의 오지랖이 학교 밖에서도 교사들의 자유를 옥죄고 있습니다.

밀과 같은 자유주의자는 개인의 자유를 무엇보다 중시합니다. 그래서 타인에게 피해를 주지 않는 이상 개인의 자유는 무조건 보장받아야 한다고 합니다. 그런데 필립 페팃(Philip Pettit)을 비롯한 신공화주의자들은 자유주의의 이런 '불간섭 자유(freedom of non-intervention)'가 주로 공권력에 의한 노골적 간섭만을 문제 삼을 뿐이라고 지적합니다. 집단이나 개인 사이에 암암리에 존재하는 권력 관계에 따라 한쪽이 다른 쪽의 행동을 조종하게 되는 '지배(domination)'의 문제를 제대로 따지지 않는다는 것이지요. 이들은 '비지배 자유(freedom of non-domination)'가 핵심적인 자유라고 주장합니다.

말하자면 다음과 같습니다. 교사들의 불간섭 자유를 높이려면 지금 공무원법 및 복무 규정에 명시된 '품위 유지의 의무'를 보다 구체적이고 합당한 내용으로 바꿔야 합니다. 그리고 비합리적이고 월권적인 자유 억압 행위를 적발하고 차단해야 합니다.

그렇지만 예전에 '군사부일체'라는 지배적 관념이 교사가 학생을 지나치게 괴롭히는 문제를 낳았듯, 지금 자칫 아동학대, 학생인권 유린이 벌어지지 않느냐는 학부모의 민감성이 보호되면서 '교사는 모름지기 품위 방정하고 헌신적이어야 한다'라는 관념이 지배적인 까닭에 최근의 사태가 벌어지는 것입니다.

따라서 그러한 보이지 않는, 시대착오적이고 인권유린적인 지배관계를 청산해 나가야 하겠습니다. 제도와 사회문화가 쉽게 바뀌지 않는다면 우선 나부터, 그리고 내 주변부터 말이지요.

'교사는 개인의 자유를 어디까지 제한받아야 하는 걸까?' 등과 같이 기존 관념에 의문점을 품어 보고, 다양한 정보를 찾아보고, 관점을 넓혀 봅시다. 그래서 얻은 생각을 친구들과의 대화, 가상공간에서의 토론, 여론조사 등을 통해 나눠 봅시다. 여력이 된다면 집회나 시위에 참가해 의견을 나눠 보는 것도 좋겠지요. 그러다 보면 반드시 충분한 수의 사람들의 생각이 바뀌고, 제도와 문화가 달라질 것입니다.

캣맘과 동네 주민이 싸우면
누구 편을 들어야 할까?

정약용, 인과 의

요즘은 '길에서 태어났지만 고양이도 우리의 이웃입니다'라는 말을 자주 보게 됩니다. 인터넷에는 한 아파트의 사연도 올라왔는데, 이 이야기가 큰 찬반 논쟁을 부르기도 했습니다.

이 아파트에 사는 한 주민이 '고양이들이 지하주차장에 있는 자동차 위로 올라가는 경우가 있으니 이것이 불편하다면 외부주차장을 이용하라'라는 내용의 글을 아파트 게시판에 붙여 두었습니다(그림3). 이 글을 두고 고양이를 위해 차를 외부에 주차하는 것이 옳을지, 아니면 아파트 입주자의 차가 우선이니 고양이들을 밖에서 자도록 해야 하는지 논쟁이 벌어진 것이지요. 댓글에는 '미친 건가?', '우리 아파트였으면

이토록 다정한 개인주의자

[그림3] 고양이를 배려할 것을 요구하는 아파트 게시글

가만 두지 않았다'와 같은 부정적인 이야기가 대부분이었습니다(표10). 이런 논쟁에 대해 어떻게 생각하나요?

'캣맘(Cat Mom)'은 영어에서 비롯되었으나 한국에서 문화적인 맥락에 따라 의미가 많이 비틀려진 말입니다. 보통 영어권에서 '캣맘'하면 그저 고양이에게 애정이 각별한 여성을 의미한다고 합니다. 그 가운데 유별나게 애정이 강한 나머지 사람보다 고양이에게 맹렬히 집착하는 '좀 이상한 고양이 애호 여성'을 캣레이디(Cat Lady) 또는 크레이지 캣 레이디(Crazy Cat Lady)라고 부르는데요. 그런 경우에도 대체로 고양

[표10] 캣맘이 쓴 아파트 게시글을 둘러싼 찬반 글

우리 아파트에 이런 거 붙음

> 차를 외부에 주차하고 지하주차장을 비워야 한다
> vs
> 아파트 입주자의 차가 우선이다

고양이가 우선 26표, 2%	▉
차가 우선 1274표, 98%	██████████████████

고양이 위해서 차를 외부주차장에 세우라는 데 이거 맞아? 뭐가 맞을까? 투표 좀

댓글　　　　　　　　　　　　　　　　　　　　　　　▼

고양이가 우선이라고? 미친 건가?

와 우리 아파트였으면 당장 저거 붙인 사람 찾으러 감

정신병자가 26명이나 있네

니네 집에서나 기르라고!!

이를 너무 좋아해서 집안을 고양이로 가득 채우다시피 하고, 자신이 먹고 살 돈을 아껴서 고양이 키우기에 최선을 다하는 여성을 가리키는 경우가 많습니다.

　한편 한국의 캣맘은 스스로 고양이를 키우기보다 주택가나 공원 등에 돌아다니는 길고양이에게 밥을 주거나 쉼터를 마련해 주는 일에 열심인 사람들을 의미하지요. 정착된 용어는 아니지만 '야생 고양이에게 밥 주는 사람(feral cat feeder)'이 여기에 가까울지도 모르겠습니다.

동물을 사랑하고 보살피는 일이야 본래 훈훈한 이야기이지요. 그런데 요즘 캣맘은 사이버공간에서 일상적인 대화에서 조롱과 혐오의 대상으로 거론되는 일이 많은 듯합니다. 왜 그럴까요?

고양이가 우리의 이웃이라고? 누구 맘대로?

반려동물이 아니지만 완전한 야생동물로 보기도 뭐한 동물이 길고양이지요. 사람의 집에서 살지 않지만(못하지만) 사람들의 실외공간을 어느 정도 공유하며 살아갑니다. 따라서 공유에 따른 흔적이 남기 마련인데요. 그 흔적이 불쾌하거나 유해하다고 여겨지는 수도 있습니다. 고양이들이 쓰레기봉투를 찢어 놓기 때문에 지저분한 냄새와 모양을 남기고 병균을 들끓게 만든다거나, 고양이들이 발정기에 내는 특유의 울음소리 때문에 동네의 분위기가 뒤숭숭해지고 잠을 설치게 된다거나, 광견병을 포함한 질병에 노출되기 쉽다는 등의 이유 때문이지요. 이외에도 참새 등 다른 동물을 사냥하고 시체를 내보이는 일이나, 고양이 그 자체가 공포감(특히 어린아이들에게)을 불러온다는 의견도 있습니다.

이러다 보니 소극적으로는 놀래켜 쫓아내기, 적극적으로는 포획해 살처분하기 등의 조치를 하게 되는데 '그것은 너무 불쌍하다', '인간중심적 사고방식에 따른 잔혹하고 비도덕적인 일이다'라는 반발을 가져오기도 합니다. 그런 반론을 강력히 펴는 사람들 가운데 캣맘이 있지요.

모든 캣맘이 같지야 않겠지만, 그들을 흘겨 보는 시선이 많은 까닭

은 주로 그들이 '고양이 생각만 하고 이웃 주민에 민폐를 준다'라는 데
있습니다. 앞의 사례에서 등장하는 캣맘은 '고양이도 우리의 이웃이니
배려해 달라'라는 말과 함께 고양이를 위해 주차장을 비워 주기를 부탁
합니다. 이에 입주민들 다수는 '고양이가 왜 우리 이웃이냐?', '고양이
따위를 위해 우리가 왜 주차장을 비우며 권리를 포기하고 불편을 감수
해야 하느냐?'라는 입장을 보였습니다.

이 경우에는 그래도 부드럽게(다짜고짜 '물리력'을 행사하는 캣맘도 있습
니다) 고양이가 자동차에 올라가서 흠집이 생기는 문제를 해소하려고
나름 방법을 제시한 것입니다만, 온라인 투표 결과에서 보듯 사람들의
시선은 차갑기만 합니다. 이 이야기를 놓고 커뮤니티에서 나오는 의견
은 더욱 차갑습니다. 캣맘과 그 동조자를 '정신병자'로 부르고, 진심은
아니겠지만 '길고양이랑 캣맘이랑 모두 죽여버리자'라는 말까지 나오
기도 합니다.

동물이 사람보다 우선될 수 있을까?

철학, 윤리학적인 점에 더 집중하여 봅시다. 동양 사상은 보통 '인간
중심적인 서양 사상에 비해 자연친화적이다'라고 알려져 있습니다. 어
찌 보면 맞는 말일지도요.

하지만 맹자를 보면, 동물을 사랑하고 불쌍하게 여기는 일은 아름
다운 마음이나, 그런 마음을 인간에게 앞서 동물에게 주로 쓰거나 인
간의 필요를 위해 동물을 희생하는 일은 바람직하지 않다고 봅니다.

이토록 다정한 개인주의자

"제가 들으니, 왕께서 대청에 계실 때 소를 끌고 그 아래로 지나가는 사람이 있었다고 합니다. 왕께서 '그 소를 어디로 데려가는가' 하고 말씀하시니, '제사에 쓰려고 합니다'고 대답하였다 하더군요."

《맹자》, 〈양혜왕 상〉

맹자는 제선왕이 "소가 도축되는 걸 아는지 떨면서 무서워하는 모습을 차마 보지 못하겠다" 하며 소가 끌려가는 것을 막았다는 이야기를 전합니다. 그러고는 "군자는 날짐승과 들짐승이 살아 있는 모습을 보고는 차마 죽는 것을 보지 못하며, 그 소리를 듣고는 차마 그 고기를 먹지 못합니다"라며 제선왕의 마음이 아름답다고 칭찬합니다. 그러나 "그런 불쌍히 여기는 마음(측은지심)을 동물을 넘어 사람에게 미쳐야만 합니다"라고 충고합니다. 임금이라면 백성이 굶주리거나 괴로워하지 않도록 그들을 돌보는 일에 최선을 다해야 한다는 뜻이지요. 그런 일에는 궁궐이나 부유층의 집에 넘쳐나는 소와 말을 과감히 잡아서 백성들에게 먹이는 일도 포함됩니다. 그렇게 하지 않는다면 "사람이 먹을 것을 동물이 빼앗아먹는 일이다"라는 말까지 하게 되는 것이지요.

이는 칸트의 주장과 비슷합니다. 그 역시 동물을 학대하고 함부로 죽이는 일은 비윤리적이라고 보았습니다. 하지만 그것은 동물을 잔인하게 대하다 보면 사람에게도 잔인하게 대하게 되며, 동물을 아끼고 사랑하는 마음을 키워 사람을 아끼고 사랑할 수 있다고 보기 때문입니다. 호주의 철학자 피터 싱어(Peter Singer)와 같은 사람은 이를 '인간중심주의'라며 못마땅하게 여깁니다만, 또 한 사람의 동양 사상가 다산 정약용(茶山 丁若鏞) 역시 인간과 동물 사이에는 분명히 선을 그어야 한다고 봅니다.

정약용이 유배 생활을 할 당시 그가 머무는 지역 뒷산에 뱀이 많이 나와서 고을 수령이 대대적으로 뱀을 잡게 했다고 합니다. 이 말을 듣고 정약용의 지인이 "아무리 그래도 뱀도 생명인데 마구 죽이는 일은 나쁘지 않습니까?"라 하자 정약용은 "무슨 그런 말씀을 하십니까? 인(仁)이란 사람 사이에서만 따져야 합니다!"라고 핀잔을 주었다고 합니다. 정약용에 따르면 인은 곧 두 사람(二人)을 나타냅니다. 사람과 사람이 서로 아끼고 불쌍히 여기며, 자신의 이익이 걸렸더라도 차마 상대를 해치지 못하는 마음에서 우러나는 덕이 인입니다. 그런데 뱀은 사람이 아니니, 비록 불쌍하다는 마음이 들더라도 차마 뱀을 잡지 못하는 행동으로 옮겨서는 안 된다는 것이지요.

길고양이를 마구 괴롭히고 멋대로 죽이는 일은 맹자도 칸트도 정약용도 찬성하지 않을 것입니다. 그러나 그 때문에 사람들이 불편해지고, 병에 걸리기도 하며, 심적, 물적인 해를 입고 있는데 마냥 방치하거나 심지어 먹이와 안식처를 주어 점점 더 많은 길고양이가 돌아다니도록 만드는 일에는 분명 반대하겠지요.

따라서 인간중심적 윤리를 따지는 것, 하나의 동물이 다른 동물들에게 끼치는 과도한 피해를 생각하는 것, 일부 캣맘들의 맹목적인 길고양이 사랑 등은 과연 옳은지 다시 한번 생각해 보아야 할 주제입니다.

이토록 다정한 개인주의자

인과 의를 함께 행해야 한다

여기서 그치지 말고 정약용의 사상을 조금 더 들여다봅시다. 맹자가 "오직 인과 의(義)가 있을 뿐"이라고 했을 정도로 유교 사상에서 인과 의는 무엇보다 중요한 덕목입니다. 정약용은 인의 글자 풀이를 통해 '사람이 사람에게 가져야 할 마음과 태도'라는 의미를 이끌어냈습니다. 의 역시 글자를 풀어 보면 '양(羊)'과 '나(我)'가 되는데, 이것은 나의 마음과 행동을 늘 제사에 바치는 양처럼 경건하고 순결하게 가져가야 한다는 뜻이 된다고 했지요. 말하자면 인이란 타인을 대할 때의 덕이며, 의란 스스로를 돌아볼 때의 덕이라는 뜻입니다.

이를 바탕으로 캣맘의 행동을 보면, 춥고 배고픈 길고양이들을 위해 뭔가를 해 주려는 마음은 인의 단서입니다. 그런데 다른 사람에게 피해를 주면서까지 그러려 하는 일은 인에 맞지 않습니다. 그런데도 '내가 옳다. 이 잔인한 인간들!' 하는 태도는 스스로의 마음만 돌아보고 타인을 배려하지 않는 일, 즉 자신의 의만 고집하면서 인을 잊어버린 태도로 볼 수 있습니다.

그런데 캣맘들을 혐오하고 비난하는 것은 인과 의에 맞는 태도일까요? 다시 말씀드리지만 모든 캣맘이 일부 사례에서처럼 광적이고, 사람보다 고양이가 먼저라고 우기며, 폭력까지 행사하지는 않습니다.

대학마다 마스코트처럼 사랑받는 고양이들이 있는데요. 그 고양이들에게 밥을 주고 귀여워하는 일이 문제시되지는 않습니다. 즉, 길고양이에게 마음을 쓰는 행동 자체를 비윤리적이라고 할 수는 없고, 단지 지나칠 때 문제가 되는 것이지요. 그런데 표10의 댓글에서 보인 반응들처럼, 사이버공간에서 캣맘에게 쏟아지는 비난은 정도를 따지지 않고 모든 캣맘을 극단적으로 악마화하여 공격하는 것은 아닌가요? 이것이 과연 타인을 배려하는 행동일까요? 또한, 스스로의 마음을 옳게 가져 가려는 태도일까요?

'마치 정신병자 같은 캣맘들의 사례'로 박제된 다른 사례도 한번 봅시다. 어느 겨울, 길고양이들이 추위를 피해 자동차 보닛으로 피신했다가 엔진의 열에 타 죽은 사건이 있었습니다. 평소 이 고양이들을 보살폈던 한 캣맘은 해당 차의 차주를 살인자라고 비난하고, 소송까지 제기했었지요. 차주 역시 캣맘을 상대로 소를 제기했고, 둘 사이의 법적 공방이 이어지던 도중 그만 캣맘이 스스로 세상을 떠나고 맙니다.

캣맘의 행동은 분명 사리에 맞지 않았습니다. 그러나 해당 사건의 차주는 소송을 당하자 자살해 버린 캣맘을 두고 '화가 난다. 죽는 것도 민폐 끼치면서 죽냐?'라는 인터넷에 올렸지요. 이 글쓴이의 태도에 공감할 수 있을까요? '이럴 줄은 몰랐는데, 너무 몰아붙이지 말 걸 그랬나'라며 후회하고, 고인을 애도해야 마땅하지 않을까요?

소송당했다고 자살까지 한 캣맘은 심리적으로 매우 불안한 상태였을 겁니다. 한사코 감쌌던 길고양이처럼 고독과 고통으로 괴로워하고 있었고, 그래서 사람보다는 길고양이와 동류의식을 느꼈던 거겠지요.

우리는 바쁜 생활 속에서 약간의 이익이라도 포기할 수 없다는 집착 때문에, 인도 의도 잊어버린 채 살고 있는 것은 아닐까요? 애초에 땅에

이토록 다정한 개인주의자

서 솟아났을 리 없고, 누군가가 키우다 버린 고양이에서 시작된 길고양이. 태어난 이상 최선을 다해 살아가려 하지만 따가운 눈총과 괴롭힘의 대상이 되는 길고양이. 그런 인간 문명의 그림자와 동류의식을 느끼고야 말게 된 그림자 같은 사람들. 우리는 우리 주변에 깔린 그런 그림자들에 더 눈길을 주어야만 합니다.

'칭챙총'이라 놀림 받으면
'참교육'에 나서도 될까?

칼 포퍼, 불관용을 불관용함

어떤 여행 유튜버가 올린 독특한 영상이 많은 관심을 받은 적이 있습니다. 그는 남부 아시아의 어느 나라에 가서 평소처럼 영상을 찍고 있었는데요. 복잡한 시장 골목에서 택시를 잡고 막 출발하려는데, 한 열 살 내외로 보이는 현지인 소년이 웃으면서 한마디를 던진 겁니다.

"칭챙총~!"

'칭챙총'은 백인이나 흑인들이 동아시아 계열의 사람들을 놀리려 쓰는 멸칭입니다. 정확한 기원은 알 수 없지만, 생김새가 자신들과 많이 다른데다 영어 등을 잘 못 쓰고 버벅이는 걸 비웃으며 그들이 주워들은 중국인들의 이름 발음을 가지고 '저 칭챙총들 꼴 좀 봐!', '칭챙총들은 대

이토록 다정한 개인주의자

[그림4] 인종차별한 소년을 뒤쫓는 유튜버의 모습(그림으로 묘사)◆

책이 없다니까~' 하며 쓰던 말에서 나온 듯합니다. 그들 눈에는 한국인이든 중국인이든 그게 그거다 보니, 동아시아인의 용모를 한 사람에게는 무조건 칭쳉총이라는 멸칭을 쓰는 거지요. 동아시아인의 '가늘게 찢어진 눈'을 조롱하려고 자기 눈꼬리를 잡아 올리는 것과 비슷합니다.

그런데 어린 소년의 입에서 그 멸칭이 나오자 유튜버는 참지 않았습니다. 곧바로 택시 문을 박차고 뛰어나갑니다. 혼비백산 도망치는 아이를 쫓아 시장 골목을 달린 끝에, 잘못했다고 봐달라고 하는 아이에게 "칭쳉총이란 말 쓰지 마! 절대 쓰지 마! 알겠어?"라고 매섭게 훈계하

◆
유튜브 '노빠꾸조성근[견튜브]'
(칭쳉총 인종차별주의자 참교육)

고 물러납니다.

이 유튜브 영상은 해당 유튜버의 영상 가운데 일찍이 없던 대히트를 쳤습니다. 그리고 지금까지도 유튜브 채널 댓글에서 좋은 반응을 얻고 있습니다. 이 영상이 '핵사이다 영상'으로 널리 인기를 끄는 듯하자, 우연찮게 따라 하는(?) 영상들도 유튜브 등에 올라오기 시작합니다.

그런데 인스타그램처럼 외국인들도 많이 들어오는 사이버공간에서는 이 영상이 불편하다는 의견이 올라옵니다. '아직 철모르는 아이인데 심하지 않냐', '덩치 큰 성인이 어린애를 위협하며 공포감을 잔뜩 심어 준다', '아동학대 아니냐' 등등의 의견이지요.

그리고 보면 이 '칭챙총 참교육 영상'에서 대상은 어린 청소년이고, 장소는 우리나라에 비해 약소국으로 알려진 나라인 경우가 대다수입니다. 동아시아인을 비하하는 일은 미국이나 유럽에서도 많다고 하는데 그런 곳에서 건장한 성인들을 대상으로 '참교육'을 시전하는 영상은 왜 없을까요?

반론도 있습니다. 철모르는 어린애니까 더 단단히 교육시켜야 된다는 것이지요. 사리분별을 잘하지 못할 때 인성교육을 하고 도덕의식을 심어 주어야 성인이 되어서 도덕적인 분별력을 갖게 된다는 식입니다. 만약 '칭챙총' 소리를 들은 유튜버가 '에이 참고 말지…' 하고 대응을 안 했더라면 '역시 칭챙총들은 형편없어. 욕하는데도 바보같이 가만 있는 거 봐'라는 인식을 심어 주고, 그 승리담이 공유되면서 그 사회 전반에 동아시아인에 대한 혐오와 멸시가 더 짙어지는 계기가 되었을 거라는 지적도 있습니다.

포퍼의 세 가지 역설

칼 포퍼(Karl Popper)는 오스트리아 출신의 유대인 철학자였는데, 조국이 나치의 마수에 빠지자 뉴질랜드를 통해 영국으로 건너가 활동합니다. 그리고 대륙에서 벌어진 참상에 치를 떨며, '대체 무엇이 이런 일을 가능하게 했을까?'라는 의문을 푸는 것을 자신의 철학의 중심 과제로 삼았습니다.

그가 내놓은 해답은 자유의 역설, 민주주의의 역설, 관용의 역설, 즉 '세 가지의 역설'이었습니다. 자유의 역설이란 자유를 마냥 허용하고 어떤 행동도 규제하지 않다 보면 남의 자유를 통째로 부정하는 세력이 활개 치게 된다는 것입니다. 민주주의의 역설이란 민주주의적 방식은 무조건 정당하다며, 법과 도의에 어긋나는 일조차 '국민의 뜻대로' 가능하도록 한다면 그 국민을 적당히 속이고 부추긴 히틀러 같은 사람이 민주적으로 집권하는 일로 이어진다는 것입니다.

그렇다면 관용의 역설이란 무엇일까요? 관용이란 참으로 중요한 가치이고 반드시 지켜내야 하는 것이나, 관용이 지나쳐서 폭력적이고 악랄한 생각이나 행동까지 관용해 버린다면 우리는 관용을 지킬 수 없게 된다는 것입니다. 결국 관용이 온통 뿌리 뽑히는 불관용의 체제가 세워진다고 이야기합니다. 그래서 포퍼는 '불관용의 불관용'이 반드시 필요하다고 했지요.

사상과 정치적 견해의 자유를 기본으로 하는 자유민주주의 사회에서 나치 깃발을 금지하고, 인종차별이나 남녀차별을 소재로 삼은 코미디 프로그램을 규제하는 일 등이 이런 불관용의 불관용에 해당되겠지요. 그렇게 볼 때, 인종차별적 멸칭을 듣고 그냥 넘어가지 않고 '그런 말은 잘못되었다'고 지적, 훈계한 행동 자체는 불관용을 불관용한 사례로 보아도 좋을 듯합니다.

그런데 남은 문제는 내용이 아니라 방식에 있습니다. '아동에게 심각한 공포감을 불러일으키고, 쌍욕까지 섞어 가며 참교육을 했어야 하는가? 더 부드럽게 타이를 수는 없었는가?'의 문제이지요.

우선 그림4의 유튜브 영상이 폭발적인 인기와 함께 사람들로부터 많은 지지를 얻었다는 점부터 생각해 봅시다. 만약 내용이 기본적으로 같지만 배경이 다른 영상이었다면 어땠을까요?

<u>〈상황 1〉</u>

일본의 도쿄 이케부쿠로에서 택시를 타려던 한국인 유튜버. 그에게 어느 일본 소년이 한마디를 던진다.

소년: 조센징!

한국 유튜버: (택시에서 뛰어내리며)야! 거기 서! 뭐라고? 조센징? 조센징이라고? 너, 그런 말 쓰지 마. 그런 말 절대 쓰지 마! 알았어?

〈상황 2〉

한국의 서울 강남역에서 택시를 타려던 북한 출신의 탈북자 유튜버. 그에게 어느 소년이 한마디를 던진다.

소년: 빨갱이!

탈북자 유튜버: (택시에서 뛰어내리며) 야! 거기 서! 뭐라고? 빨갱이? 빨갱이라고? 너, 그런 말 쓰지 마. 그런 말 절대 쓰지 마! 알았어?

아마 〈상황 1〉이었다면 난리가 났을 겁니다. 폭발적인 인기를 넘어 핵폭발적 인기를 얻었을 것이고, '이분 최소 전생에 이순신 부관', '21세기 독립운동가'와 같은 찬양이 쏟아졌을 겁니다. '아무리 그래도 아이에게 너무하는 거 아니냐'라는 의견을 낸 사람에게는 공격하는 댓글이 마구마구 달렸을지도요.

하지만 〈상황 2〉였다면 반응이 크게 엇갈렸을 것입니다. 아이를 타박하는 의견도 많았겠지만 '빨갱이를 빨갱이라 부르는데 뭐가 문제?', '대한민국이 받아줬으면 고마운 줄 알아야지. 어디서 대한민국 어린애에게 위협질이야?'와 같은 공격적 반응이 더 크게 나오지 않았을까요. 결국 같은 행동이라도 그 윤리성에 대한 평가는 다를 수 있습니다. 적어도 별 고민이 없는 대중의 즉각적인 반응에서는 정치적인 고려, 다시 말해 '누구 편이냐'가 크게 작용하는 듯합니다.

앞에서 언급한 문제의 유튜버는 1편에서 욱한 나머지 소년을 위협적으로 윽박질렀고, 2편에서는 일부러 쌍욕을 남발하며 더욱 험악한 분위기를 연출했는데, 이에 대해 잘했다는 의견이 많았지요. '상대에게 공포감을 심어줘야 한다!', '만만하게 보이면 돌아서서 또 저 짓할 거다', '아예 몇 대 쥐어박았어야 한다'라는 식이었습니다.

그런데 '윤리적 타이름'에 전쟁에서나 쓰는 비인도적인 전법을 쓰는 게 과연 맞을까요? 우리에게 비하 표현을 썼다고 해서 그 사람은 우리의 '적'인 걸까요?

'니 편 내 편'을 나누는 게 정의일까?

플라톤(Plato)의 《국가》 첫머리에는 '정의란 무엇인가?'의 주제를 놓고 소크라테스와 여러 인물들이 대화를 하는 장면이 나옵니다. 토론이 벌어진 집의 주인이던 케팔로스는 정의를 "갚아야 할 것을 갚는 것"이라고 정의합니다. 그의 아들 폴레마르코스는 이를 좀 더 부연하여 "우리 편에게는 선으로, 적에게는 악으로 갚는 것"이라고 합니다. 그 말에 소크라테스는 만족하지 않습니다. 당동벌이(黨同伐異), 생아살타(生我殺他) 식으로 편에 따라서 선행도 정의고 악행도 정의라면, 정의란 보편적인 규범이 될 수 없다고 여겼기 때문이지요. 다시 말해, '내로남불'은 못 믿겠다는 것입니다.

외국 아이를 붙잡고 이러저러한 말 표현은 쓰지 말도록 타이르는 일이 정당화되기를 바란다면, 우리는 욕을 먹지 않으면서 상대는 마음껏 욕할 수 있기를 바라서는 아닐 것입니다. 우리가 도리와 윤리를 이야기

이토록 다정한 개인주의자

하고 있는 게 맞다면 말이지요. 너와 나, 우리 모두가 인종이나 성별을 놓고 서로 혐오하고 따돌리는 일을 없애기 위함이어야 할 것입니다.

그러기에 그런 길거리 훈계는 너와 나를 떠나 보다 보편적이어야 하며, 강압과 위력으로 행하는 것이 아니어야 합니다. 모두 잊고 있었으나 돌이켜 볼 수 있는 논리와 이치를 깨우쳐 주기 위한 것이어야 합니다.

사실 이에 맞게 다른 나라의 아이들을 가르친 사례도 엄연히 있습니다. 최근 한 온라인 커뮤니티에서 화제가 된 탄자니아 여행 중 흑인 꼬마들에게 인종차별을 당한 한국 유튜버의 사연을 이야기해 보겠습니다. 유튜버가 노예 시장 박물관 앞에서 휴식을 취하고 있는데 아이들이 "칭쳉총"이라는 표현을 내지르며 그를 놀리기 시작합니다. 아이들이라 악의는 없었겠지요. 그러나 유튜버는 '그냥 가면 안 되겠다'라고 생각하며 아이들에게 다음과 같이 이야기합니다.

"노예 시장이 좋은 거라고 생각해, 나쁜 거라고 생각해?"

"안 좋아. 그것은 인종차별이야. 노예 시장은 흑인이라는 이유로 노예 생활을 하게 했어."

"그런데 왜 나한테 그러는 거야?"

유튜버의 질문에 아이는 바로 "미안하다"라고 사과합니다. 그제야 자신의 행동이 인종차별이라는 것을 알아차린 것이지요. **

◆◆
유튜브 '캡틴따거'
(악의없는 아이들에게 인종차별을 당한다면 어떻게 할까?)

이 한국 유튜버도 외국 어린이에게 칭챙총 어쩌고 하는 비하 발언을 겪었습니다. 그도 역시 그냥 넘어가지 않았습니다. 그렇지만 성내거나 으름장을 놓지도 않았습니다. 그 아이들이 익히 알고 있는, 그 아이들의 부모와 조상들이 겪었던 인종차별의 아픈 이야기를 되새겨 주며 인종차별적 발언이 얼마나 고약하고 비열한지를 스스로 깨닫도록 했습니다.

처음 소개한 유튜버도 이런 길거리 시민교육을 했다면 어땠을까요. 놀렸던 아이로부터 "별 생각 없이 던진 말이었는데, 그렇게 아픈 말일 줄은 몰랐어요. 정말 미안합니다"라는 진심 어린 말을 들을 수 있지 않았을까요? 공포로 위협받은 외국 아이는 앞으로 대놓고 칭챙총이라 놀리지는 않을지 모르지만, 속으로는 칭챙총들에 대한 반감과 적대감을 길러 나가지 않을까요?

거듭 말하지만 앞서 든 참교육 유튜브 영상은 폭발적인 조회수를 기록했습니다. 따라서 해당 채널의 주인은 유튜버로서 꿈에도 바라던 것을 손에 얻었습니다. 하지만 노예시장을 꺼내며 부드럽게 훈육한 유튜버는 전혀 유명세를 누리지 못했습니다. 우리는 적을 통쾌하게 무찌르고 공포감을 심어 준 사람을 영웅시하고, 적당한 명분에 맞게 누군가를 괴롭히고 말살하기를 즐기는 것 같습니다.

적어도 사이버 세상에서는 그렇습니다. 하지만 그것이 모든 세상에서의 철칙이 되게는 하지맙시다. 불관용을 관용해서는 안 됩니다. 그러나 그것을 빌미로 또 다른 불관용을 정당화해서도 안 됩니다.

친구의 동성애 과거를
함부로 폭로해도 될까?

플라톤, 충실함의 미덕

얼마 전 한 커뮤니티에 결혼을 준비 중인 여성의 고민 글이 올라와 화제가 되었습니다. 한때 동성 연인을 사귀었던 적이 있었으나 지금은 한 남성과 사랑하게 되어 그와 결혼하려고 하는데, 가까운 친구 때문에 무척 곤란하다는 내용이었습니다. '과거에 동성연애를 한 사실을 예비 신랑에게 말했느냐? 말하지 않고 결혼하는 것은 사기이니, 말하지 않을 거라면 내가 대신 말하겠다'라고 친구가 선언했고, 이 때문에 글쓴이가 곤경에 처하게 된 것이었지요.

댓글의 반응도 글쓴이의 친구와 별반 다르지 않았습니다. '사기결혼이다'에서부터 '성매매 종사 사실을 숨기고 결혼하려는 것과 같다'라는 말까지 나왔지요.

여기서 쟁점은 첫째, '과거의 동성애 경험을 고백하지 않고 결혼해도 되는가?'이고, 둘째는 '그 사실을 예비 신랑에게 폭로하겠다는 친구의 태도는 옳은가?'가 되겠습니다.

먼저 댓글에서 나오듯 이처럼 과거의 동성애를 숨긴 채 결혼을 한다면 사기결혼에 해당되어 이혼 또는 혼인무효가 될까요? 우리나라 법률은 민법 제816조에 '당사자 일방에게 혼인을 계속하기 어려운 중대한 사유가 있을 때나, 사기 또는 강박으로 혼인했을 경우 혼인을 취소할 수 있다'라고 규정합니다. 그 가운데 '혼인을 계속하기 어려운 중대한 사유가 있을 때'는 제840조에서 이혼 사유로 규정하고 있고요. 혼인 취소와 이혼 사유가 왠지 중복되는 듯하네요? 그래서 혼인 취소의 경우에는 그 '중대한 사유'라는 것이 장애인이거나 심각한 병을 앓고 있음 등을 숨겼을 경우, 또는 학력 위조 등에 해당되어서 사기로 수렴되고 있습니다. 말하자면, "그걸 알았으면 나 당신이랑 결혼 절대 안 했지!"라고 절규할 정도의 중대한 문제점을 숨겼다면 사기결혼으로 무효가 됩니다.

혼인 취소까지는 아니어도 이혼 사유가 되는 중대한 사유는 좀 단순하게 따지기 어렵습니다. 결혼 당시에는 그렇지 않았는데 이후에 성불능이 되었다거나, 사이비종교에 가입해 괴이한 일을 하고 다닌다거나 등등 결혼한 뒤에 생긴 이유로 상대가 '나 이 결혼 더 이상 못하겠어'라고 여길 경우가 해당됩니다. 물론 진실을 뒤늦게 알게 될 경우도 해당될 수 있습니다. 가령 알고 보니 상대가 자신의 자매를 사랑했고 거절당하자 일종의 복수로 자신과 결혼한 것이라면 아마 배신감과 분노로 결혼을 유지하기 어렵겠지요. 그런 점에서 보면 동성애 경험을 숨기고 결혼한 것도 해당되지 않을까요?

결론적으로 그러기란 쉽지 않습니다. 동성애자임을 숨겼다가 결혼 뒤 밝혀지면서 혼인 취소가 이루어진 경우도 있습니다. 그러나 글쓴이의 경우에는 한때 동성애 경험을 했다는 것이고, 그 뒤에 지금의 예비신랑을 만나 열렬히 사랑하게 되어 결혼을 결심한 거지요. 만약 동성애가 현재진행형이라면 부부관계가 제대로 되지 않을 것이고, 아마 사랑의 감정도 없겠지요. 그렇다면 당연히 상대방이 결혼을 엎을 이유가 됩니다.

하지만 글쓴이의 경우에는 그렇지 않지요. 사기 결혼이라고까지 부를 만하지는 않습니다. 아무튼 속이는 거 아니냐고요? 글쎄요. 무조건 속인다고 사기는 아니지요. 결혼 뒤에 배우자에 대해 잘 몰랐던 사실을 안다고 해서 "이제 난 도저히 이 결혼을 해 나갈 수 없어"라고 말하는 경우가 얼마나 될까요?

이혼 사유인 중대한 사유를 잘 보면 상대의 주관이 중요합니다. 가령 배우자의 과거 연애 경력이 화려했음을 뒤늦게 알았을 때 이를 도저히 참지 못하는 사람도 있을 수 있지요. 하지만 "하하, 그럼 내가 승리자인 거네?" 하며 넘길 사람도 있을 겁니다. 글쓴이의 경우에도 만약 예비신랑이 동성애를 극혐하는 사람이라면 중대한 사유가 될 수도 있습니다. 하지만 적어도 글에는 그런 이야기가 없는 걸 보면 이를 가지고 명백한 이혼 내지 혼인 취소 사유가 있다고는 말하기 어렵습니다.

동성애, 아직도 벗지 못한 편견의 굴레

그렇다면 글쓴이가 예비 신랑에게 숨기고 있는 비밀은 범죄적 수준까지는 아니라고 하겠습니다. 다만 비밀은 비밀이고, 비밀을 지키는 이유는 자신이 어떤 이득을 보려는 것이지요. 그러면 그것이 누구나 자신의 이득을 우선한다는 점에서 윤리적 책임을 면제받을 수 있을까요? "결혼 하기 전에는 말 안했는데, 사실 나 코골이가 심해" 정도처럼 말이지요.

그것은 남은 쟁점인 '친구가 숨기는 비밀을 친구의 예비 신랑에게 말해도 될까?'와 관련해서 풀어 보겠습니다. 이 쟁점을 따져 보려면 먼저 '당신이 결혼하려는 사람에게는 비밀이 있다. 그것은 과거에 동성애를 했었다는 사실이다'라는 폭로가 폭로를 듣는 쪽인 예비 신랑이 중대하게 여길 정보를 담고 있느냐, 아니냐부터 따져야 하기 때문이지요. "예비 신랑님은 모르시겠지만, 쟤 초등학교 때 교실에서 똥 싼 적 있대요", "쟤 연예인 ○○○ 엄청 좋아해서 나중에 그 사람이랑 결혼한다고 했었대요"와 같은 정도는 별 중대성이 없는 폭로이며, "아이고, 뭐 그런 것까지 일러바치고 그러세요? 쟤 싫어 하세요?"라는 반응만 얻고 말 테니까요.

동성애 자체를 금지하는 법률이나 힘 있는 규율은 없지만, 아직 우리나라에서 동성애는 아무렇지 않게 말할 수 있는 문제는 아닙니다. 최근 편파성을 의심받는 '국가 인권위원회법'이 제정되고, 나아가 동성애 등 아직 사회적 합의가 이뤄지지 않은 사안에 대해 일방적으로 긍정하는 것으로 비판받는 '차별금지법'이 추진되면서 성적 소수자의 인권을 보호해야 한다는 주장을 향한 반대의 목소리가 강하게 튀어나오고 있습니다.

이에 '국회는 동성애를 조장하는 국가인권위법을 개정하고, 동성애 차별금지법을 제정하지 말아 달라'라며 반대하는 이들이 많습니다. 서울에서 퀴어문화축제가 열렸던 날에는 근처에서 동성애퀴어축제반대 시위가 열리기도 했습니다

이처럼 동성애를 사랑의 한 형태로 보기보다 변태적 성향으로 보는 시각이 아직도 맹위를 떨치고 있습니다. 이에 성소수자 대우를 비롯한 여러 문제에서 좀 더 전향적인 내용을 담고 있는 차별금지법은 무려 18년 동안 국회 문턱을 못 넘고 있는 상황입니다. 우리는 종교 근본주의 국가도 아니고 20~30년 전부터 'BL(남자 동성애)', '백합(여자 동성애)'이 대중문화의 소재로 유행해 왔건만, 아직도 이렇게 거부감과 혐오감이 심하다는 사실은 이해하기 어렵기도 하지요.

아무튼 동성애를 범죄나 부도덕한 행위처럼 꺼리는 사회 분위기가 있는 이상 글쓴이의 친구가 하겠다는 폭로는 예비 신랑이 중대하게 여길 정보를 담고 있다고도 하겠습니다. 예비 신랑이 그 말을 듣고 충격에 빠져 파혼을 고려할 수도 있고, "그래서 뭐?"하고 말 수도 있겠지만,

보통은 단순히 넘길 사안이 아니라는 것이지요.

그러면 결국 자신의 약점을 드러내고 싶지 않았던 글쓴이를 대신해 과거를 폭로한다는 친구의 행동은 올바른 것일까요? 다시 공자님을 소환하면 고개를 좌우로 흔드시겠지요.

"아버지가 양을 훔쳤다고? 그리고 그걸 아들이 관가에 달려가서 고발했다고? 섭공, 당신네 나라에서는 그게 훌륭한 일인가 보지요? 우리 나라에서는 이러지 않소이다. 부모의 잘못은 자식이 숨겨 주고, 자식의 잘못은 부모가 숨겨 주지요. 그것을 바르다고 합니다!"라고 하신 분 이니까요.

그런데 공자님이 그렇게 말씀하신 까닭은 "이런 일을 국가가 장려하는 것처럼 보이면 저마다 고자질로 출세해 보자는 욕심이 팽창하고, 가족과 친구 사이의 따스한 정은 그런 욕심에 짓눌려 버린다. 그러면 결국 돈과 권력 앞에서는 우정이고 사랑이고 남아나지 않는 세상이 된다!"라는 걱정에 있었습니다.

고뇌하는 시간이 필요한 이유

지금 글쓴이와 그 친구의 문제는 국가적인 문제가 아닙니다. 그러면 동양철학의 대부인 공자님과 어깨를 겨루는 서양철학 대부를 모셔 봅시다. 바로 플라톤입니다. 플라톤은 그의 대화편 가운데 비교적 초기의 저작으로 알려진 《에우프튀론》에서 또 하나의 고자질쟁이 이야기를 들려줍니다.

소크라테스는 잘 알려진 대로 불경죄로 고발당해 아테네의 법정으로 갑니다. 가던 중 에우튀프론이라는 사람과 마주치는데 그도 법정으로 가는 길이었습니다. 그렇지만 그는 고발당해서가 아니라 고발하러 가는 길이었고, 그가 고발하려는 사람은 자신의 아버지였습니다. 에우튀프론의 아픈 하인을 제대로 돌봐 주지 않아 하인을 죽게 만든 아버지를 살인죄로 고발하려는 거였지요.

소크라테스는 에우튀프론과 '경건함이란 무엇인가'에 대해 대략 다음과 같은 대화를 나눕니다.

에우튀프론: 저 같은 사람이 경건한 사람이지요.

소크라테스: 그러하신가? 그럼 경건함이란 뭔데?

에우튀프론: 신의 사랑을 받는 것입니다.

소크라테스: 흠, 그럴듯하군. 그런데 신이 아무 이유 없이 사람을 사랑하지는 않을 것 아닌가? 사랑받으니 경건한 게 아니라 경건하니까 사랑받는 게 아닐까?

에우튀프론: 그러네요. 음, 저처럼 국법과 정의에 대해 충실하면 사랑을 받겠지요.

소크라테스: 역시 그럴듯해. 그러나 용기가 있는 사람은? 자비로운 사람은? 그들은 사랑을 받지 않나?

에우튀프론: 하긴, 그러네요. 경건함은 여러 미덕 가운데 하나로 봐야겠어요.

소크라테스: 그렇다면 구체적으로 어떤 미덕이라고 경건함을 풀이해야
하나?

에우튀프론: 저처럼 국법과 정의에 충실한⋯ 그러니까 신의 일을 대신
하는 사람이 경건한 사람이지요. 신이 직접 악인을 고발하
지는 않으니까요.

소크라테스: 그 말은 자네가 신이 할 수 없는 일을 대신함으로써 신에게
은혜를 베풀었다는 말로 들리네. 그건 오만함이 아닐까? 신
은 오만한 자를 사랑하실까?

에우튀프론: ⋯

소크라테스는 경건함이 무엇인지 딱히 결론을 내리지 않고 대화를
끝냅니다. 그리고 아테네 젊은이들에게 여러 가지를 묻고, 신에 대해
서도 비판적으로 사고하도록 가르쳤다는 이유로 '경건하지 못하다'는
판결을 받아 사형에 처해집니다.

플라톤은 이 대화편에서 경건함이 무엇인지 다루는 것 같지만, 사
실은 '충실함'에 대해 다루고 있습니다. 에우튀프론은 '자식으로서 부
모를 아끼고 돕는 충실함을 우선할 것인가, 시민으로서 범죄를 덮지
않고 공개 탄핵하는 충실함을 우선할 것인가?'라는 문제 사이에서 이
른바 윤리적 딜레마 상황에 처합니다. 그런데 에우튀프론은 이 딜레마
를 딜레마라고 여기지 않았던 것 같습니다.

그는 심지어 법에 정해진 자격을 뛰어넘어(당시 아테네 법에서는 살인,

상해 등도 민사로 여겼던지 피해자 본인 또는 그의 가족에게만 고발권이 있었습니다) 아버지를 고발한 것입니다. 그러면서 "자식으로서 많이 힘들었다", "이래도 되나 하며 고민했다"라는 말은 한마디도 없이 스스로 신의 사랑을 받고 신의 일을 대행하는 경건한 사람이라며 '자뻑'에 빠져 있습니다.

어쨌든 그의 아버지가 잘했다고 할 수는 없겠지요. 그래서 플라톤이 그려낸 소크라테스도 대놓고 그의 불효를 지적하지는 않고 이리저리 돌려 가며 그가 과연 경건한 사람이냐, 오만한 자가 아니냐 등의 지적을 합니다.

"에우튀프론, 대체 자네는 자네가 하는 일의 의미를 제대로 생각이라도 해 본 것인가? 너 자신을 알라! 잘 생각해 보면 네가 생각하던 일이 결코 그런 일이 아님을 알 것이다!" 이것이 바로 소크라테스가 아테네의 젊은이들에게 가르친 것이었습니다. 그런데 소크라테스는 이 때문에 불경하다는 고발을 받아 죽음에 이르고, 에우튀프론 같은 자는 생각 없이 일을 벌이면서 스스로 경건하다 뽐낼 수 있었지요.

행동의 논리보다 마음에 더 집중했던 공자의 고자질 딜레마도 '자기 아버지를 고발하면서 고민도 안 할 수가 있나! 이런 마음으로 공직을 맡는다면, 이런 마음이 칭찬받는 사회라면, 과연 얼마나 살벌할까?'라는 생각에서 나온 것이었지요. 따라서 플라톤과 공자의 생각은 묘한 일치점을 보이고 있습니다.

현대의 유명한 윤리적 딜레마, '트롤리 딜레마'도 비슷합니다. '내가 핸들을 돌리지 않으면 다섯 명이 죽고, 돌리면 세 명이 죽는다. 어차피 누군가 죽어야 한다면 다섯 명보다 세 명이 죽는 게 논리적으로 낫다. 그러나 차마 내 손으로 사람을 죽이자니 너무나 고민스럽다'라는 게 그 핵심이니까요. 무엇이 옳다고 정답을 얻으면 그 정답대로 움직이기보 다 '이게 정답인 것 같지만 과연 그대로 해야 하나' 하며 고민하는 존재 가 인간입니다. AI는 따라올 수 없는(적어도 아직까지는) 비합리적인 인 간의 모습이지요. 하지만 그 비합리적인 고민이야말로 인간이 인간에 게 가질 수 있는 희망일지 모릅니다.

결국 무엇을 선택할 것인가?

다시 커뮤니티 글 이야기로 돌아가 봅시다. 과연 글쓴이의 비밀을 까발리겠다는 친구는 충실한 사람일까요? 그 친구는 친구인 글쓴이에 대해 충실할 것과, 정직한 결혼 계약이 이뤄지도록 할 일을 해야 한다 는 선량한 개인으로서 충실할 것 사이의 딜레마에 놓여 있다 할 수 있 겠습니다. 친구를 걱정해 주고 감싸 주는 한편, 공자나 플라톤의 예처 럼 범죄 문제는 아니지만(만약 그 친구가 동성애 경험 사실조차 숨기는 걸 '사 기 결혼일 수도 있다'가 아니라 '사기 결혼이 틀림없다'라고 생각했다면, 앞서 본 대로 생각이 지나쳤다 하겠지요), 인생의 중요한 계약 중 하나인 결혼이 서 로 숨기는 것 없이 공정히 이뤄지는 게 옳다고 생각하는 신념이 그 친 구를 움직이고 있다고 볼 수 있습니다.

그런데 공자가 한탄한 섭공네 사람이나 소크라테스에게 돌려까기를 당한 에우튀프론처럼, 이 친구도 딜레마 앞에서 충분히 고민하는 듯 보이지 않습니다. 그 친구는 글쓴이의 그저 그런 친구가 아니라, 오래 전부터 잘 지내온 절친이라고 합니다. 그렇다면 자신에게 불리한 사실을 숨기고 싶은 친구의 마음을 좀 더 헤아려야 하지 않았을까요?

또한, 예비 신랑의 입장에서 느닷없이 "당신의 예비 신부는 한때 동성애를 했어요"라는 말을 듣는다면 "그런가요" 하고 넘어갈 수도 있겠지만, 사람에 따라 놀라는 것을 넘어 필요 이상의 의심을 하게 될 수도 있습니다. '나를 사랑하지도 않으면서, 자신의 동성애 생활을 덮기 위해 결혼하려는 건가? 결혼 뒤에도 동성 애인을 찾아다니며 나는 내팽개치려는 게 아닐까?'라는 식으로요.

지금은 예비 신랑을 진심으로 사랑하고 있음을 우리는 알고 있습니다만, 어쨌든 이로 인해 결국 결혼이 깨진다면 글쓴이는 큰 타격을 받을 겁니다. 정신적 충격은 물론, 글에서 걱정하는 대로 소문이 안 좋게 퍼져서 사회적으로도 어려운 상황에 처할 수 있습니다. 폭로를 선언한 글쓴이의 친구는 그런 점들은 아랑곳하지 않는 것일까요?

살다 보면 두 가지 윤리 규범 사이에서 딜레마를 겪는 경우가 많습니다. 그런 상황에 직면했을 때 두 가지 가운데 어느 쪽이 더 중대하냐를 놓고 그에 걸맞은 고민을 한 뒤 정하는 게 최선입니다. 글쓴이 친구의 경우 오랜 우정과 친구를 향한 충실함이 갖는 무게보다 '정직한 계약을 보호해야 한다'라는 원칙의 무게를 더 중시했을지 모릅니다.

그렇지만 한때의 동성애도, 그 사실을 숨기는 것도 심각한 범죄나 부도덕에 속한다고 보기 힘들기에, 그 친구는 예비 신부에 대한 충실함에 더 주의를 기울여야 했습니다. 다시 말해, 글쓴이의 평안과 행복을 우선한다는 입장에서 친구를 설득했어야 했습니다. 연인이자 부부 사이에 중대한 비밀을 두면 마음이 편할 수 없고, 잘못해서 상대가 그 사실을 알게 되면 그때는 더 심각해질 수 있다는 점을 지적하면서 말이지요. 그래서 결국 글쓴이가 납득하고 고백을 결심한 경우 예비 신랑과의 자리에 함께하여 그녀가 결코 그를 사랑하지 않거나 이용하려는 것이 아님을 보장하고, 친구가 얻을지 모를 오해를 최대한 방지하려 힘썼다면 좋았을 것입니다. 물론 필요한 경우에 말이지요.

만약 끝내 글쓴이가 설득되지 않고 고백하려 하지 않으면 그때는 그냥 두어야 합니다. 글쓴이가 그 일로 나중에 곤란해지더라도 그것은 글쓴이의 선택이니까요. 공연히 스스로 나서서 글쓴이를 참담한 지경으로 몰아 넣기보다 말입니다.

때로는 선한 거짓말이 옳다

마지막으로, 글쓴이가 올린 글의 반응이 압도적으로 부정적이었던 까닭을 생각해 봅시다. 그것은 아마 동성애를 향한 편견과 혐오를 가진 사람이 적지 않기 때문일 것이고, 또 '공정한 계약으로서의 결혼'을 지켜야 한다는 생각을 이들이 많기 때문일 것이지요. 어떤 경우에도 사실을 숨기는 일은 잘못이라고 생각하기 때문일 수도 있습니다.

동성애의 윤리성 여부와 관련해서는 여기서 따지지 않으려 합니다.

이토록 다정한 개인주의자

다만, 2005년의 민법 개정으로 '친양자제도'가 신설되었다는 점을 언급하겠습니다. 입양을 한 아이가 친자식처럼 양부모의 성과 본을 따를 수 있게 하는 제도인데, 시민단체들의 꾸준한 운동 끝에 이뤄졌습니다. 왜 이게 중요한가 하면 입양아가 친부모의 성을 가지고 있을 경우 놀림과 따돌림의 대상이 되기 쉬워서였지요. 고아원 같은 곳에서 입양한 경우만이 문제가 아니었습니다. 재혼 가정의 자녀도 지금의 아버지와 성이 다르고 그에 따라 '이혼한 부모에게서 태어났다'라는 사실이 알려진다는 것이 주된 문제였습니다. 예전에는 이혼이 마치 범죄인 듯 흉하게 여겨졌기 때문에 아무 잘못도 없는 재혼 가정의 자녀들이 학교 등에서 고통을 받아야 했던 것입니다. 이걸 없애기 위해 어머니가 데려온 자식이 새아버지의 성을 따를 수 있게 한 것입니다.

이 역시 과거의 사실을 숨기는 일입니다. 하지만 그게 잘못일까요? 또한 20년 정도가 지난 지금, 이혼은 전처럼 꼭꼭 숨겨야 할, 알려지면 따돌림을 당할 일은 아니게 되었습니다. 이처럼 사회적인 인식은 계속 변합니다. 그리고 명백한 범죄적, 반사회적인 사실이 아니라면 그 인식이 변하기 전 당사자를 보호하기 위해 적당히 사실을 숨기는 일 역시 결코 비윤리적이지 않다는 사실을 함께 기억하면 좋겠습니다.

리처드 브란트 1910 ~ 1997

미국의 주요 철학자로, 도덕철학과 공리주의를 연구했다. '행위'와 '규칙'이라는 용어를 도입해 공리주의를 두 가지 유형으로 구별하였으며, 이는 공리주의자들 사이에서도 상황에 따라 행위 판단 기준이 다를 수 있음을 의미한다. 브란트의 규칙 공리주의는 도덕적 결정을 일관되고 체계적으로 내리도록 하여 사회 전체의 행복을 증진시키는 데 중점을 두었다.

필립 페팃 1945 ~

공화주의와 자유에 대한 현대적 해석을 제시한 호주 출신의 정치 철학자이다. 자유를 '간섭받지 않는 상태'가 아닌 '자기 의지에 따라 행동할 수 있는 상태'로 정의했다. 정치 철학과 윤리학에 큰 영향을 미쳤으며, 대표 저서로는 《신공화주의》 등이 있다.

정약용 1762 ~ 1836

유학을 바탕으로 현실적인 문제 해결을 추구한 조선 후기 실학의 대표적인 인물이다. 행정, 경제, 정치, 등 여러 분야에서 개혁 사상을 제시했다. 주요 저서인 《목민심서》와 《경세유표》는 실학 사상의 핵심을 담아 냈기에 오늘날에도 중요한 고전으로 평가받고 있다.

이토록 다정한 개인주의자

칼 포퍼 1902~1994

과학 철학자이자 정치 철학자로 20세기의 가장 위대한 사상
가 가운데 한 사람으로 꼽힌다. 반증될 수 있는 이론만이 진짜
과학이라고 주장했다. 또한, 열린 사회와 민주주의를 지지하
고 전체주의와 유토피아 사상을 비판했다.

플라톤 B.C.428?~B.C.348?

서양 철학의 기초를 세운 인물이다. 진정한 실재는 현상 세계
밖의 세상인 이데아 세계에 있다는 형이상학 이론을 주장했
다. 또한,《국가》와 같은 저서를 통해 이상적인 사회와 철인 왕
사상을 제시했다. 고대 그리스 시대의 삼대 철학자인 소크라
테스의 제자이자 아리스토텔레스의 스승이다.

3장

때때로
불편한 질문이
필요한 이유

갈등을 멈추는 데 필요한 도덕

아이를 위해 비행기 좌석을
바꾸는 것이 옳을까?

제러미 벤담, 행위 공리주의

얼마 전 미국에서 큰 화제가 된 영상이 있습니다. 영화 〈쿠폰의 여왕(Queenpins)〉의 한 장면을 편집한 것인데, 실제 있을 법한 일상적 에피소드를 담아낸 이 영상을 놓고 그야말로 폭발적인 반응이 일었답니다. 우리나라에서도 여러 사이버공간을 중심으로 그림5와 같은 대사 번역 캡처가 돌면서 '왜 저래?'라는 반응을 불러일으켰습니다.

문제는 '왜 저래?'의 대상이 누구이고, 무엇 때문이냐겠지요. 동영상은 비행기 내부의 모습을 보여 줍니다. 세 명이 나란히 앉은 자리에서 창측 자리에 앉은 중년 남성은 뭔가를 열심히 먹으며 자신만의 세계에 빠져 있습니다. 그 옆으로는 어린 소녀와 엄마가 앉아 있는데, 엄마가

[그림5] 영화 〈쿠폰의 여왕〉 기내 장면(그림으로 묘사)

중년 남성에게 아이를 위해 잠시 자리를 바꿔줄 수 있냐고 부탁을 합니다. 그러자 남자는 묘한 표정을 지으며 "착륙 뷰보다 세상이 그렇게 제 마음대로 되지 않는다는 더 가치 있는 교훈을 따님께 드리는 게 좋을 것 같다"라며 대꾸합니다. 발끈한 엄마는 지금 농담이 아니라 진지하게 그리 말하는 거냐고 쏘아붙이지만, 남자는 마지막에 '아, 뭐래?'라는 태도를

이토록 다정한 개인주의자

[표11] 비행기 좌석 양보 문제를 둘러싼 댓글 반응

댓글 ▼
물어는 볼 수 있죠. 들어주냐는 창가 쪽 승객 맘이지만
거 뭐라고… 잠깐인데 애들에게 양보하는 거 정도야…
ㄴ 그렇죠~ 어른이야 창가 한두 번 보는 것도 아닐 텐데…
ㄴ 어른도 비행기 처음 타는 것이라면 그날이 처음일 수도 있죠
열 번도 바꿔 줄 수 있음. 단, 아이 엄마와 아이의 태도에 따라서
출장이 잦아 몇 번 경험 있음. 옆에 아이가 보고 싶어 할 경우 조심스럽고 정중하게 요청하면 거의 다 들어줬음. 근데 이동 간에 거슬리던 모습 보였다 싶으면 강 신경 끔
항공 규정에 어긋나지 않는다면 저는 언제든 OK! 그게 뭐라고 야박하게
정중하게 강요하고 미안하게 만들려는 요구로써 이미 무례하죠. 첨부터 창가 자리 사던가. 버스 자리도 아니고 비행기 자리면 그냥 조그만 움직임도 짜증나는데
그럼 좀 노력해서 일찍 창측 좌석을 예매해야지. 부탁한다고 다 들어주길 바라는 건 당신의 욕심입니다
부탁이잖아… 남자는 그 부탁을 거절할 수 있는 거고… 진심이냐고 왜 물어봄?? 호의가 계속되면 권리인 줄 안다. 영화 대사가 생각나네

보이네요.

'상대의 선의를 요구하고 거절당하자 불편해하는 엄마'와 '그리 대단치 않은 양보를 거절하며 깐죽거리기까지 하는 남자'를 둘러싼 대결입니다. '아이가 착륙 뷰를 좋아하면 처음부터 창쪽 좌석을 예매하지 권리인 듯 양보를 요구하는 건 뭐냐'와 '그 정도도 양보 못해 주냐. 정 양보하기 싫으면 그냥 싫다고 하지. 저 태도는 뭐냐'라는 주장이 논란의 쟁점입니다. 그런데 잘 보면 국내 댓글러들은 대체로 '엄마'에 초점을 맞춰서 잘잘못을 따지고 있습니다(표11). 반면 미국은 남자의 행동을 중심으로 잘잘못을 따지는 분위기가 더 짙습니다.

생각해 보면 미국 등은 엘리베이터에서 "먼저 타시지요(After you)!" 하는 양보 문화가 전부터 있었고, 아이들에게는 특별히 잘 해줘야 한다는 의식도 있어 왔습니다. 그래서 과연 저 남자의 행동이 적절했는지가 논란의 중심이 되는군요. 반면 우리는 '호의가 계속되면 권리인 줄 안다'라는 말에서도 보듯, 선의를 악용하거나 강요하는 태도를 극도로 혐오하는 의식이 꽤나 퍼져 있습니다(한참 전에는 어땠는지 모르지만, 적어도 최근에 와서 그리된 듯합니다. 부산 야구장에서 홈런이나 파울볼이 관중석으로 넘어가면 어른이 잡았더라도 '좋은 추억이 되도록 아이에게 줘라'라는 뜻의 '아주라~! 아 주라~'라는 함성이 관중석을 메우곤 했습니다. 한때는 부산의 미담으로 여겨지던 이 '아주라'가 요즘에는 '어처구니없는 요상한 문화'로 매도되는 일이 많으니 말입니다).

양보가 있어야만 돌아가는 세상

먼저 이 비행기 좌석 논란을 '대수롭지 않은 불편을 감수하며 낯선 타인에게 선의를 베풀라는 요청에 응할 의무가 있느냐?'의 문제로 풀어 따져 보기로 합시다. 어쩌면 '그게 따져 보고 말고 할 건덕지가 있느냐?'라며 의아해할지도 모릅니다. '선의를 베풀고 말고는 전적으로 나의 자유이며, 남에게 해를 끼치지 않는 한 뭐든 내 뜻대로 하는 게 맞

이토록 다정한 개인주의자

다'라는 입장은 자유지상주의의 입장에서 보나, 밀의 무위해성 원칙에서 보나 부합하니까요.

하지만 밀의 선배 격인 제러미 벤담의 공리주의에서는 이야기가 다릅니다. 잘 알려진 대로 행위 공리주의는 '최대 다수의 최대 행복'을 지향합니다. 그렇다면 한 사회의 구성원 A의 행복이 1만큼 줄어들고, 그에 따라 구성원 B의 행복이 2만큼 늘어나는 경우가 있다면, 그들의 행복 증감이 다른 구성원들에게 영향을 미치지 않는 이상 구성원 A는 자신의 행복을 포기하는 게 맞습니다(물론 생명이라거나, 직업, 지위 등등 인생에서 대단히 절실하며 회복하기 힘든 대상은 논외입니다. 또한 반복적으로 A가 포기하면 B가 득을 보는 경우도 논외겠지요). B나 국가가 A에게 사회적 행복의 총량을 늘리기 위해 자신의 작은 행복을 포기하라고 강제할 수는 없겠지만, A에게는 그런 작은 포기를 할 도덕적 책임이 있다는 것이지요.

이 사례에서 창가 좌석의 남자는 착륙 뷰에 별 가치를 두지 않아 보입니다(먹는 것 등에만 몰두하는 모습이나, 자기도 착륙 뷰를 보고 싶었다며 항의하지 않았던 모습을 보면 그렇습니다). 그러면 모녀의 요청에 응했을 때 그가 감수해야 할 희생은 자리를 옮겨 앉을 때의 약간의 불편함뿐입니다(통로 쪽 좌석에 앉으면 화장실에 가거나 착륙 후 내리거나 할 때 조금 더 편하니까 그 정도는 희생이 아닐지도 모르지요). 반면 아이는 고대하던 착륙 뷰를 볼 수 있어 기쁘고, 그런 딸의 모습을 보며 어머니도 기쁘겠지요. 따라서 행위 공리주의적으로 보자면 남자는 자리를 양보할 만한 충분한 도덕적 책임이 있습니다.

"그래도 납득이 안 된다. 내가 양보함으로써 남이 큰 덕을 보든 말든, 그건 남의 문제 아니냐? 왜 내게 양보할 책임이 있는 것이냐?"라고 항변할 수 있습니다. 다시 말씀드리지만, 자유주의-자유지상주의의 관점에서는 그 말이 절대적으로 옳습니다. 그렇지만 사실 이 사회는 어느 정도의 양보 없이는 잘 돌아가지 않게 되어 있습니다.

종종 싸움의 실마리가 되는 도로상에서의 '끼어들기' 문제를 생각해 봅시다. 직진 차선에서 달리고 있던 차량이 깜빡이를 켜며 우측 차선에 끼어들고 싶어 합니다. 이런 저런 이유로 뒤늦게 우측 차선으로 가야겠다고 판단한 것이지요. 그런데 그 우측 차선은 이미 여러 차량이 꼬리를 물며 운행하는 중입니다. 여기서 상황이 묘해집니다. 자신의 앞으로 다른 차량을 끼워 주고, 그만큼 자신의 차량이 늦게 가는 것을 감수해야만 하니까요.

일반적인 도로에서 끼어들기를 허용해 주느냐 마느냐의 문제는 비행기 좌석 양보 문제와 비슷한 수준의 윤리적 문제를 끌어냅니다. 차선을 제때 바꾸지 못하면 목적지에 언제 도착할지 모르니 끼어들고 싶은 차주에게는 나름 중대한 이익이 걸려 있는 것이지요. 한편, 끼워줄지, 말지 고민하는 차주는 큰 손익 문제는 없지만 선의를 베푸느냐, 마느냐 하는 입장에 서 있게 됩니다. 그래서 억지로 끼어드는 차량에 그만 '빡쳐서' 보복운전을 하다가 대형사고로 이어지기도 하는 광경을 우리는 많이 봐 왔습니다.

이토록 다정한 개인주의자

그런데 애초에 끼어들기를 허용해 주지 않으면 큰 곤란이 빚어지는 경우도 있습니다. 고속도로 나들목에서 합류해 들어오는 차량은 다니는 차가 거의 없는 경우가 아니라면 필연적으로 본선 주행 중이던 차들 사이에 끼어들 수밖에 없지요.

우리나라 도로교통법은 제65조에서 '자동차의 운전자는 고속도로에 들어가려고 하는 경우에는 그 고속도로를 통행하고 있는 다른 자동차의 통행을 방해하여서는 아니 된다'라고 정하여 끼어드는 차량의 책임을 무겁게 매기고, 본선 주행 중의 차량에는 별도의 책임을 규정하지 않습니다. 즉, 본선 주행 중의 차는 반드시 나들목 진입 차량에 양보해 줄 의무가 없다는 것이지요.

하지만 너도 나도 '알빠노('내가 알 바 아니다'라는 뜻의 신조어)'를 시전하며 끼어들기를 허용해 주지 않는다면 어떻게 될까요? 고속도로 진입로는 꽉꽉 막히게 될 것이며 전체 교통망에까지 불편을 끼칠 것입니다. 그래서 만일 이런 일이 실제 발생하면 교통경찰이 나서서 '이쪽 차량, 정지. 그쪽 차량, 출발'이라는 식으로 교통정리를 합니다. 교통경찰의 지시를 왜 따라야 하냐면서 '좋아, 빠르게 가'를 고집한다면? 도로교통법 제5조(신호 또는 지시에 따를 의무)에 따라 제재를 받게 되겠지요.

그리고 사실 65조든 5조든 정말 알빠노라 해도 좋은 예외가 있습니다. 바로 구급차, 소방차 등의 긴급차량입니다. 이들 차량은 고속도로에 들어가면서 조심하지 않아도 되고, 교통경찰의 통제를 무시해도 됩니다. 심지어 버스전용차선으로 달려도 되지요. 워낙 다급하고 중대한 이해관계가 걸려 있기 때문에 더 많은 양보를 강요할 수 있는 것입니다. 이는 행위 공리주의적인 관점에서 뒷받침되는 제도입니다.

물론 비행기 좌석의 양보 문제는 개인들 사이에서 벌어진 문제로, 사회 전체의 불편과는 무관합니다. 착륙 뷰를 보고 싶다는 생각이 다급하고 중대한 문제라고 볼 수 없지요. 하지만 역시 행위 공리주의적으로 보면 양보할 책임을 주장할 수 있습니다.

사실 남자는 양보를 거절했을뿐더러, 한 가지 윤리적으로 부적절한 행동도 했습니다. 무엇일까요? 행위 공리주의를 실천하기 어려운 가장 큰 이유는 모든 상황에서 한쪽의 행복이 더 중대하다고 자신 있게 판정할 수 있지는 않다는 것입니다.

예를 들어, 빨리 달려가는 일보다 구급차에게 양보하는 일은 당연히 더 중요합니다. 하지만 착륙 뷰를 보는 즐거움과 자리를 바꾸었을 때 생기는 불편함 중 어느 쪽의 행복이 더 중대한지, 또는 한쪽은 창가 뷰를 간절히 원하고 한쪽은 되도록 다른 사람과 맞닿기 싫은 나머지 벽에 붙은 좌석을 간절히 원한다면 어느 쪽의 행복이 중대한지 쉽게 가늠할 수 없지요. 저마다 가진 가치관과 인생관이 달라서 서로 부딪힐 때는 판단하기가 더더욱 곤란합니다.

그런데 창가의 남자는 뭐라고 말했나요? "창가 뷰 따위보다는 세상이 만만하지 않다는 걸 깨닫는 게 훨씬 더 중요하다!"라고 했지요. 누구도 쉽게 판정할 수 없는 판정을 단호히 내려버리고 특정 가치관을 남에게 강요한 것입니다. 그의 행동과 비교해 볼 만한 또 하나의 '비행기에 나란히 앉은 사람들'의 사례가 인도의 경제학자이자 철학자인 아마르티아 센(Amartya Kumar Sen)의《정의의 아이디어》에 나옵니다.

센이 자신의 철학을 설명하기 위해 든 가상의 상황입니다. 비행기에 두 남자가 나란히 타고 가는 중입니다. 창가에 앉은 남자는 창문으로 들어오는 햇빛을 기분 좋게 받고 있지요. 그런데 옆자리의 남자가 "창문을 닫아 달라"라고 요청합니다. 몰두하고 있는 게임이 직사광선 때문에 방해받기 때문이지요. 요청을 받은 남자는 잠시 망설입니다. 그의 가치관에 따르면 게임 따위는 아무 짝에도 쓸모없으며, 책이나 신문을 읽는 게 훨씬 시간을 유익하게 보내는 방법입니다. 그러나 그는 말없이 창문을 닫습니다. 자신의 가치관을 남에게 강요할 수 없다고 여겼기 때문이지요.

〈쿠폰의 여왕〉의 창가 남자와 달리 스스로 어느 정도의 손해를 감수해야 했음에도(기분 좋은 햇빛, 그건 디오게네스도 포기하지 않으려 한 건데 말이지요*) 그는 "그런 쓸모없는 게임 때문에 내가 햇빛을 포기해야 하나요"라거나 "당신이 뭘 바라든 내가 알게 뭐예요"라 하지 않고 약간의 희생을 감수하며 양보를 합니다.

센은 이처럼 전혀 이해할 수 없는 가치관과 충돌할 때 부정하거나

---

* 철학자 디오게네스와 알렉산드로 대왕의 일화로, 거리에서 일광욕을 즐기고 있던 디오게네스에게 대왕이 찾아와 소원을 들어주겠다고 말하자 디오게네스는 그를 올려다보며 "햇빛을 가리지 마시오"라고 말했다는 이야기이다.

꺾으려 하지 말며, 심각한 손해를 볼 상황이 아니라면 양보하는 태도를 보이는 것이 마땅하다고 합니다.

이쯤 되면 많은 미국인이 품은 '창가의 남자 행동은 옳은가?'에 대한 문제는 어느 정도 정리가 되네요. 그렇다면 우리나라 사람들이 보다 집중한 '양보를 요청하는 행동은 옳은가?' 쪽에서 생각해 봅시다.

호의를 보인 사람이 문제가 되는 세상

요즘 우리나라 사람들이 양보의 미덕을 썩 마땅찮게 생각하는 까닭은 '호의가 계속되면 권리인 줄 안다'라는 생각에서 찾을 수 있겠습니다. 최근 커뮤니티나 SNS에 잊을 만하면 '주문 빌런'들의 이야기가 올라옵니다. 1만 원짜리 음식을 시키고서 2만 원 수준으로 갖다 달라고 한다거나 가게에서 판촉을 위해 얼마씩 끼워 주는 공짜 서비스를 한도 이상으로 달라고 요청하는 경우 등이 있지요.

'본인이 아프다', '돈이 없다', '어린아이가 있다' 등을 이유로 막무가내로 동정을 강요하는 사람들도 있고, '나한테 공짜 서비스 안 해 주면 별점 테러하겠다! 장사 말아먹고 싶지 않으면 알아서 기어라'라며 위협하는 경우도 있습니다(표12). 이쯤 되면 단지 선의를 요구하는 것을 넘어 남의 약점을 잡고 갑질을 시전하는 것에 해당되지요.

이외에도 '길 가다가 누군가가 갑자기 쓰러지면 절대 도와주지 마라! 기껏 도와주었더니 가해자 취급하며 치료비 내놓으라고 협박당하거나 고소당할 수 있다! 그냥 못 본 체 하는 게 최선이고, 정 뭐하면

[표12] 온라인에서 화제가 된 막무가내식 요청들

주문시 요청 사항:
사장님아이밥먹여야되는데외상가
능할까요..?ㅠ내일드릴게요부탁드
려요 가능하면야채빼주세요아이
혼자키우는데도와주세요ㅠ

주문시 요청 사항:
만나서결제 카드, 리뷰 써줄게요.
돈까스 1인분에 한 장씩 서비스 주
시구요. 7명 먹을거라 스프 7개 보
내주세요.

@ap*12**
성인 남자인데 자취해서 김치 좀
무료나눔 부탁드립니다. 배송도 가
능하시면 너무 감사하겠습니다.

@f*wp37**
장사의 기본은 손님이 하라면 하라는 대
로가 기본이랍니다.^^ 애들 먹이려고 도
시락에 토끼 좀 만들어달라는 게 진상스
러운 요구인가요? 이정도도 못해 주면 동
네 장사 접어야죠:; 맛도 딱히 없는데 애
기들한테 먹이고 싶지 않아서 다 갖다버
렸어요.

119를 불러 주든지 해라. 괜히 도와주려다가 큰일 난다!'라는, 인심이
메마르다 못해 쩍쩍 갈라질 듯한 이야기도 생활의 지혜인 양 널리 퍼
지고 있습니다.

　선의를 베풀었으면 그에 맞는 감사와 보답까지는 아니더라도 훈훈
한 대응이 있어야 하는 것이 마땅하지요. 그러나 오히려 '물에 빠진 사
람 건져 주니 보따리까지 내놓으라 한다' 식의 상황이 여러 차례 현실
이 되고, 그 현실이 가상공간에서 널리 퍼지다 보니 그만큼 사람들이
조심하게 된 듯합니다.

여기서 맹자의 말을 한번 살펴 보겠습니다.

"사람이면 누구나 측은지심이 있다. 어린아이가 우물에 빠지려는 것을
보면 앞뒤 재지 않고 달려가서 구하려 한다. 그러므로 인간의 본성은 본
래 선한 것이다."

오늘날은 점점 이러한 측은지심을 원천봉쇄해 버리는 혹독한 세상
이 되어 가는 듯합니다.

지옥에서 살지 않기 위하여

그렇지만 '선의를 자제하세요. 편의에 양보하세요'가 정답이 될 수는
없습니다. 앞서 말한 대로 이 세상은 어느 정도의 선의와 양보가 없다면
제대로 돌아가지 않습니다. 칸트가 의무론의 기초로 삼은 정언명령을
되새겨 봅시다.

"왜 살인은 죄인가? 내가 누군가를 살해해도 된다고 하자. 그렇다면 누
군가가 나를 살해해도 될 것이다. 그러면 세상은 단 한시도 마음 놓을 수
없는 지옥이 되고 만다. 따라서 우리가 살인을 하지 말아야 할 까닭은 그
것이 신의 명령이기 때문이 아니라, 나 자신을 포함한 모두에게 유해하
기 때문이다."

이렇듯 칸트는 인간의 이성으로 판단했을 때 모든 사람의 입장에서 유해할 수밖에 없는 것은 도덕적 죄가 된다고 보았지요. 바꿔 말하면, 자신의 행동의 준칙은 모든 사람에게 널리 통용될 수 있는 것이어야 하다는 뜻입니다. 세상에서 선의가 실종되고, "당장 나의 이익이 문제지 다른 게 대수냐?" 하는 인식이 보편화되면 그 누구도 장기적으로 편안하고 여유로울 수 없게 되기 때문이지요.

그러면 이 다음에는 선의의 혜택을 본 사람의 윤리적 입장에 대해 살펴보기로 하겠습니다.

잃은 물건 찾아 준 사람에게
반드시 답례를 해야 할까?

피터 싱어, 보상을 바라는 선행

'은혜를 원수로 갚는다'라는 말이 있습니다. 가령 잃어버린 물건을 찾아 줬더니 감사는커녕 폭행을 하거나 사기의 희생물로 삼는 경우 등등이 있겠지요. 윤리적으로 뭐라 변명의 여지가 없는 악행입니다. 그보다 조금 덜한 경우라면 물건을 찾아 주니 '사실은 이 녀석이 훔쳤던 것 아닐까' 하며 의심하고 윽박지르는 경우랄까요. 선의를 믿어 주지 않고 마음의 상처를 남긴 행동이 쉽게 정당화될 수 없겠지만, 선의인지 아닌지 확신할 수 없는 상황이었다면 어느 정도의 변명의 여지가 있을 것입니다.

그렇다면 표13의 사례처럼 '선의임을 의심하지 않았고(의심할 수 없

[표13] 보은 문제와 관련한 인터넷 게시글

제가 맘충인가요?

조언 좀 부탁드립니다. 이 일로 하루 종일 남편이랑 싸웠어요. 며칠 전 저희 아이가 아이스크림 가게에 휴대폰을 놓고 온 적이 있습니다. 곧바로 아이의 휴대폰으로 전화를 했고 마침 가게에 있던 학생들이 받았어요. 아이들이 맡아 준다고 하여 찾으러 간다고 했고, 가는 데는 차로 40분 정도 걸렸습니다. 도착해서 학생들을 만나 고맙다는 인사를 하고 휴대폰을 받아 갔어요. 이 얘기를 남편에게 했는데 남편이 최소한 음료수나 아이스크림으로라도 사례를 했어야 했던 게 아니냐고 하더라고요. 저는 "차 안이라서 그럴 수가 없었어"라고 말했지만 남편은 제가 잘못한 거라며 계속 잔소리를 늘어놓더군요. 이거 제가 잘못한 건가요?

댓글 ▼

남편이라도 정상이라서 다행이다.

감사에 대한 최소한의 답례라는 것이 있습니다. 그 아이들은 앞으로 그런 선의를 베풀지 않을 수 있겠네요.

그 아이들은 무슨 죄가 있어서 당신에게 40분이라는 시간을 허비해야 하나요?

돈이 그렇게 없냐? 가정교육 어떻게 받은 거냐?

이건 맘충이다, 아니다가 아니라 기본이 안 되어 있는 거고 인성 문제를 논해야 하는 거 같다

었겠지요?) 그에 대해 감사 표시도 했으나 적당한 보상을 하지는 않은 경우는 윤리적으로 부적절한 태도라고 보아야 할까요?

'부적절하다, 왜냐하면 우리는 타인의 선행에 보답할 의무가 있기 때문이다'라는 입장이 있습니다. 칸트의 의무론(행동의 도덕성은 행동

의 결과에 근거하기보다는 일련의 규칙에 따라 그 행동 자체가 옳고 그른지에 근거해야 한다는 규범적 윤리 이론)과 밀의 공리주의 사이에서 중용을 찾으려 했던 도덕철학자 윌리엄 데이비드 로스는 '조건부 의무(prima facie duty)'라는 개념을 세웠습니다. 이는 칸트의 정언명령처럼 그 어떤 경우에도 반드시 지켜야 할 의무는 아니지만 그에 준하는, 예외적으로 지키지 않아도 될 경우가 있는 의무를 말합니다. 로스는 이런 의무를 여섯 가지로 구분했고, 그 중 하나로 '보은의 의무'를 꼽았습니다. 이는 타인이 내게 선행을 베풀었을 때 보답해야 한다는 의무입니다.

그러면 보은의 의무는 왜 절대적 의무가 아닌 조건부 의무일까요? 상대가 보답을 바라지 않을 경우에는 보답하지 않아도 되어서 그런 것이 아닙니다. 로스는 상대가 보답을 바라지 않더라도 선행에는 반드시 보답해야 한다고 합니다. 유교에서 가장 중시해온 효(孝)도 이런 의무와 상통한다 하겠지요. 부모님이 뭔가를 바라고 우리를 지극정성으로 키우신 것은 아니겠지만 그래도 우리는 효도를 해야 한다고 생각하니까요.

그러면 왜 보은의 의무는 조건부 의무일까요? '상대가 보답으로 악행을 바랄 때는 의무를 이행하지 말아야 한다'라는 조건이 붙기 때문입니다. 만약 위의 사례에서 글쓴이가 학생들에게 "휴대폰 찾아 줘서 정말 고마워! 아줌마가 뭐 해 줄까?"라고 했더니 그 학생들이 "저기 편의점에 가서 담배랑 술 좀 사다 주세요. 미성년자라서 우리는 못하잖아요"라고 했다면 거절하는 것이 타당하다고 하겠지요. 그래서 조건부인 것입니다.

하지만 선행에 반드시 보답해야 할 의무는 없다고 보는 입장도 있습니다. 개인의 자유를 워낙 중시한 나머지 개인의 범위를 넘어서는 어떤 공동의 준칙 자체를 회의하는 자유지상주의 학자들이 대개 그렇습니다. 그 가운데 나비선은 "보은은 의무가 아니다"라고 못박습니다. 그는 "보상은 의무다"라고 합니다. 다시 말해, 우리가 누군가에게 해를 입혔다면 반드시 그에게 적절한 보상을 해야만 합니다. 하지만 해를 입히지도 않은 사람에게 보상(이 경우에는 선행이 되겠지요)을 할 의무는 없으며, 마찬가지로 타인의 선행에 반드시 보답할 의무도 없다는 것입니다.

그러면 선행에 보답하면 안 된다는 것일까요? 그건 아닙니다. 반드시 보답할 의무는 없다는 뜻입니다. 보답을 해도 그만, 안 해도 그만이라는 것이지요. 따라서 글쓴이가 감사 인사만 하고 그 자리를 떠난 일은 어떤 윤리적 비난도 받을 이유가 없다고 보는 것이 나비선의 입장입니다.

그렇지만 휴대폰을 찾아 준 아이들은 뙤약볕에서 40분씩이나 기다리지 않았나요? 따라서 어느 정도의 손해를 본 셈이며, 그에 대한 보상을 해야 할 의무가 있지 않겠습니까? 나비선은 이 또한 아니라고 봅니다. 글쓴이가 '시간이 걸려도 기다려 달라. 그에 대한 보상은 하겠다'라고 미리 말한 것이 아닌 이상 그 아이들이 오래 기다릴 의무는 없었습니다. 나비선에게 있어서는 선행도 의무가 아니니까요. 상대에게 어면 의무를 지워 놓고 그에 대한 응분의 보상을 하지 않는다면 부당하지만, 그렇지 않은 행동에 대해서까지 책임을 지고 보상할 의무는 없다는 것입니다.

생각해 보면 인간은 누구나 혼자 살아가는 존재이며, 동시에 더불어 살아가는 존재입니다. 누구나 홀로 태어나 홀로 죽습니다. 타인의 지나치다 싶은 간섭에는 분노하고 반발합니다. 그러나 아무리 '아싸(아웃사이더, outsider)'라고 해도 최소한의 인간관계를 유지하려 합니다. 개인과 관계 둘 중 무엇을 더 중요하게 여기느냐에 따라 보은을 바라보는 입장도 달라질 수밖에 없습니다. 홀로 자유롭게 살아가려는 인간의 뜻을 가장 중시하는 입장이 자유지상주의입니다. 반대로 여럿이 더불어 살아가며 좋은 인간관계를 유지해 나가려는 뜻을 가장 중시하는 입장이 로스, 칸트 등의 의무론입니다.

남에게 보여 주기 위한 선행은 위선일까?

우리가 가장 그럴듯하다고 생각할 수 있는 답은 두 입장의 중간쯤에 있지 않을까요? 그래서 생각해 볼 수 있는 것이 공리주의입니다. 그 계통의 철학자인 피터 싱어가 '보상을 바라는 선행'을 두고 한 이야기를 살펴봅시다.

- 할 수 있는 한 최대한 많은 선행을 하는 것이 바람직하다.
- 자신이 감당할 수 없을 정도라고 여기면 하지 않아도 된다.

- 보상을 은근히 기대하거나, 주위에서 평판이 좋아지기를 바라서 하는 선행이라도 좋다!

싱어는 오늘날 지구 전체가 안고 있는 심각한 문제들, 가령 빈부격차의 확대나 환경 문제의 악화, 전쟁이나 전염병 등의 확산 등을 해결하려면 할 수 있는 한 많은 개개인의 선행이 필요하다고 봅니다. 정부나 국제기구에만 기대하지 말고 우리 모두가 할 수 있는 한 조금씩이라도 이런 문제를 해결하는 데 힘을 보태야 한다는 것이지요.

그런 작지만 충분히 많은 선행에 걸림돌이 되는 것이 '내 형편에 선행이 맞는 이야기인가?'와 '선행은 익명으로 해야 겠지? 그러면 결국 자기 희생일 뿐이네. 아무리 선행을 해도 내게 돌아오는 게 없으니'와 같은 생각이라고 합니다. 첫 번째 생각에 대한 답은 다음과 같습니다. 형편이 닿는 대로 선행을 하라는 것이지요. 가령 돈으로 환산하면 10만 원이든 10원이든, 아무 것도 안 하는 것보다는 나으니까 말입니다.

그런데 두 번째가 우리 이야기에서 중요합니다. 싱어는 "선행에 따르는 보상이나 명예를 바라고 하는 선행? Why not? 얼마든지 해라!"라고 합니다. 왼손이 하는 일을 오른손이 모르게 할 필요가 없다는 거지요. 보통 뭔가를 바라고 하는 선행은 선행이라고 할 수 없으며, 위선이라고 생각합니다. 행동의 의지가 선하냐를 보는 칸트나 로스도 그렇게 말하겠지요. 하지만 싱어는 공리주의자입니다. 결과가 좋으면 다 좋지요. 그래서 동기가 어쨌든 누군가가 선행의 혜택을 입게 된다면 좋은 것 아니겠느냐고 말합니다.

그는 정부나 언론이 기부 등 개인의 선행을 적극적으로 권장하면서, '올해의 기부왕' 같은 걸 만들어 아카데미 시상식처럼 화려한 무대에서 스포트라이트를 받으며 금메달을 목에 걸어 주는 행사도 해 봄직하다고 합니다. 그러면 선행 자체보다는 그에 따른 명예와 인기를 노리는 사람들, 보여 주기 위해 착한 척하는 사람이 많아지겠지요? 하지만 싱어가 보기에 그건 '오히려 좋아!'입니다. 결국 선행에 대한 보상이라는 문제에 싱어는 '의무는 아니다. 하지만 적극 권장할 일이다'라고 결론을 내린 셈입니다.

'나 맘충임?'이라는 글을 올려 댓글로 몰매를 맞은 글쓴이의 경우로 돌아가 봅시다. 글쓴이의 입장에서는 선행에 사례하는 일이 딱히 직접적 이득이 되지는 않습니다. 하지만 휴대폰을 찾아 준 학생들에게는 이득이 되겠지요. 그래서 그들의 추가적인 선행에 동기를 부여할 것입니다. 또 이는 미담으로 인터넷과 SNS 등에서 오르내릴 것이고, '역시 세상은 훈훈하다', '나도 이렇게 해야지'라는 반응을 부추길 것입니다.

그래서 사회 전체적으로 선행이 늘어난다면(보상을 바란 것이든 아니든) 간접적으로 글쓴이에게도 득이 될 것입니다. 누구나 힘든 상황에 처할 수 있고, 그럴 때 타인의 도움을 얻을 가능성이 높은 편이 낮은 편보다 유리하니까요. 가뜩이나 '지하철에서 쓰러진 사람을 도와주다가 도리어 치한으로 몰렸다', '남이 힘들다면 모른 체 하는 게 상책이다'와 같은 '선의파괴 괴담'이 나도는 요즘이라면 좀 더 훈훈한 세상을 만들기 위해 이런 이야기가 널리 퍼질 필요가 있을지도요.

생각하지 않는 삶이 만드는 무서운 결과

마지막으로 하나만 더 생각해 봅시다. 윤리학적으로 글쓴이의 행동은 반드시 잘못되었다고만 볼 수는 없습니다. 그런데 왜 댓글 여론의 몰매를 맞았을까요? 간혹 '선행에 보답하는 게 꼭 의무는 아니잖나', '감사 인사는 했네. 그러면 아주 몰염치한 건 아닌데' 등등의 의견도 있었지만 대부분 글쓴이에게 매우 공격적이었고, '쓰레기', '인성이 박살났다', '짐승보다 못하다'라는 등등 그야말로 최악의 강력범죄자에나 어울릴 법한 표현도 난무했습니다. 왜 이렇게 일방적이고, 과격한 반응이 나왔을까요?

서양 학자들, 특히 자유지상주의자들은 '동양인-한국인은 집단주의적 성향이 짙으며, 정해진 틀에 맞지 않는 개인을 혐오하고 박해하기 때문'이라고 볼 법합니다. 또한 '우리 사회는 지나친 경쟁과 갈등으로 너도 나도 피로해져 있다. 그래서 쌓인 스트레스를 이기다 싶은 희생양에게 풀어 버리려는 경향이 있다'라는 분석도 나올 법합니다. 모두 일리는 있습니다.

하지만 이 이야기를 읽은 사람들을 울컥하게 했던 가장 기본적인 점은 글쓴이가 '생각이 없다'라는 점이지 아니었을까 싶습니다. 글쓴이가 휴대폰을 빨리 되찾고 싶은 마음만 앞세우지 말고 조금만 더 생각을 했더라면 학생들에게 뭔가 보답을 해야겠다는 판단까지 이르렀을 겁니다. 하지만 자기 마음에만 충실했고, 따라서 그런 생각을 못한 끝에 남편에게 "왜 그랬느냐"라는 말을 들었습니다. 그래서 본인의 입장, 마음만 챙기다가 생각도 못 해 본 일에 대해 추궁당하니 '멘붕'이 와서 이 글을 올렸던 게지요.

우리는 저마다 바쁘게 삽니다. 그래서 아주 짧게라도 생각할 여유를 찾지 못하는 수가 많습니다. 하지만 그래서는 더불어 살 수 없습니다. 당장 자신에게 중요한 일을 살피지 않을 수 없지만, 애써서라도 여유를 갖고 다른 관점에서도 문제를 생각해 보아야 합니다. 그러면 뭔가 대단한 철학을 동원하지 않아도 도와준 사람에게 간단한 사례를 할 생각 정도는 할 수가 있겠지요.

단지 이기주의자를 넘어서 자신의 당면 과제 말고는 생각하지 않는 사람들이 윤리를 파괴하고, 무시무시한 결과를 초래한다는 게 한나 아렌트의 '악의 평범성' 경고(238쪽 참고)입니다. 그런 경고가, 글쓴이의 생각 없음을 둘러싼 과하다 싶을 정도의 집단적 비판에도 나타나 있다고 여겨집니다.

시험에 지각하면
시험을 칠 자격을 잃어도 될까?

주희, 중용의 필요성

우리나라 사람들은 대체로 지각에 민감한 것 같습니다. 인터넷 커뮤니티나 SNS 게시판 등을 조금만 살펴보면 '5분 지각한 학생의 최후', '상습 지각하는 남친에게 대처하는 방법', '올해도 어김없이 나오는 수능날 지각생들', '세 번 지각했다고 회사에서 잘림' 등등의 지각 파노라마를 찾을 수 있습니다. '프랑스에서 회사 다니는데 동료들이 지각쯤은 아무렇지 않아 하더라. 지각 안 하는 사람은 나뿐이다. 문화충격!'과 같은 글도 있네요. 한때 한국인들은 도무지 시간 약속을 우습게 알고 지각을 당연하게 여긴다고 '코리안 타임'이라는 말까지 돌았었는데, 시대가 많이 바뀐 모양이지요.

이는 그만큼 우리 사회가 점수에 연연하기 때문이기도 하겠지요. 학생부 평가에서나, 기업의 인사고과에서나 정해진 시간보다 늦게 오거나 아예 나오지 못했다는 것은 빼도 박도 못할 마이너스 요소가 되니까요. 그래서 10대부터 50대까지 개근에 목숨을 거는 사람이 많습니다. 대학에 가서도 학점 관리를 잘 해야 하기에 지각이나 결석으로 마이너스를 얻지 않으려 합니다.

이러한 분위기는 날이 갈수록 더 심해지는 경향이 있는 듯합니다. 최근 한 대학교에서 지각과 관련하여 벌어진 에피소드가 기사화된 적이 있습니다*.

기사의 내용을 요약하면 이렇습니다. 한 대학생이 중간고사를 위해 새벽까지 공부하다가 늦잠을 자서 시험에 20분이나 지각을 했고, 교수가 입실을 거부하는 바람에 응시조차 못한 것입니다. 괴로워하는 자식을 보다 못한 부모가 학과 사무실로 찾아가 담당 교수의 연락처를 물었고, 이 일을 목격한 학생들이 인터넷에 글을 올려 수많은 비난을 받게 된 것이었습니다. 이 사실을 알게 된 학생은 부모를 원망하며 아예 자퇴를 하겠다고 합니다. 그걸 보는 부모의 속은 속이 아니겠네요.

학생의 부모는 그저 아이를 돕고자 하는 마음이었다며 억울함을 토로했지만, 이 글을 본 대다수가 이 행동에 대해 비판하는 반응을 보였

◆

헤럴드경제
("완벽주의 아이, 20분 지각해 시험 못봤다" 대학 찾아간 엄마 사연)

습니다.

지각에 민감한 까닭은 점수에 연연하기 때문인데, 아예 애써 관리해 온 학점에 스크래치가 나 버렸으니 리셋을 해서 처음부터 학교를 다시 다니겠다는 겁니다. 자, 이런 일을 어떻게 생각해 보면 좋을까요?

물론 점수에 연연하고, 학점을 완벽하게 관리하려는 것은 개인의 자유입니다. 그러면 일단 문제는 '20분 지각에 시험 볼 자격을 박탈하는 것은 너무 과한 처분이 아닌가?'를 따져 봐야겠지요.

법률과 도덕률의 차이는 다들 아실 겁니다. 지각과 시험 불가에 대해 어떤 강제적으로 지켜져야 할 규칙이 있느냐(법), 그런 것은 없지만 무시한다면 대체로 탐탁지 않게 보는 점이 있느냐(도덕)겠지요.

여기서는 '시험 시간에 지각하면 시험을 볼 수 없다'라는 규칙이 있다고 여겨집니다. 그리고 이를 사전에 공지했을 가능성이 큽니다. 담당 교수가 그저 기분에 따라 시험을 보지 말라고 했다거나, 공지사항에 없지만 그게 상식 아니냐고 입실하지 못하게 했다면 그런 취지에서 항의를 했겠지요.

그렇다면 그런 규칙은 아마도 교수가 일방적으로 정했을 텐데 '합의되지 않은 규칙도 지켜야 하느냐'라는 문제를 제기할 수 있을까요? 교수에게는 자기 수업에 대한 교권이 있지요. 어떤 교재를 사용하고, 어떤 식으로 수업을 하며, 어떻게 점수를 평가할 것인가 등등을 누구의 간섭도 받지 않고 자유롭게 정할 수 있습니다. 헌법이 보장하는 학문의 자유에 따른 것이지요. 그리고 학생들은 그런 사항들을 살펴보고 그 수업 수강을 신청했으니 교수가 정한 규칙에 동의했다는 것으로 받아들일 수 있습니다. 그렇게 보면 이 문제에 대해 더 이상 논쟁할 여지는 없을 것도 같습니다.

하지만 아무리 규칙을 정할 교권이 있고 규칙에 대한 암묵적인 동의를 찾을 수 있다고 해도, 생각해 볼 여지는 아직도 남습니다. 그 어떤 규칙도 원칙을 벗어나서는 안 되니까요. 가령 학생들의 인권을 침해할 수 있는 규칙이거나, 형평성에 맞지 않는 규칙 같은 경우 말입니다. 학생들이 대체로 교수와의 관계에서 약자이며, 규칙이 갖는 세세한 의미를 잘 따져 보지 못했을 수가 있다는 점을 볼 때 그에 대한 암묵적 동의만으로는 도를 넘는 규칙에도 면죄부가 될 수는 없습니다.

공정이란 무엇인가?

'시험 시간에 지각하면 시험을 볼 수 없다'는 규칙도 도를 넘은 규칙인 걸까요?

생각해 보면 문제의 학생은 늦어서 헐레벌떡 뛰어왔을 것이고, 초조하고 당황한 나머지 차분하게 시험을 볼 수 없는 상태였을 겁니다. 게다가 시험 시간도 20분이나 잡아먹은 판! 이미 상대적 불이익을 보고 있는 셈인데 아예 절대적인 불이익을 보도록 하는 일은 부당하지 않을까요? 또한, 느긋이 보내다 늦게 온 게 아니라 실수였다면 규칙을 고의로 어긴 게 아니니 참작의 여지가 있지 않을까요?

물론 '아무튼 늦잠을 자서 늦게 온 것은 다른 사람의 책임이 아니니,

그 불이익도 오롯이 감수해야 마땅하다. 또한 실수인지 아닌지를 입증하기도 어렵다'라는 논리로 반론할 수 있습니다.

하지만 재반론도 가능합니다. 이 학생의 경우는 나름 시험에 열심히 대비했다고 하겠지요. 완벽주의자였다고 하니 평소 수업에도 성실히 임했을 것입니다. 그런데 제대로 준비하지 않은 다른 학생이 시험을 보고 C를 맞았다고 할 때 이 학생은 아예 시험을 포기하고 시험장에 나타나지 않은 학생과 마찬가지로 F를 받게 됩니다. 그렇다면 나름 성실했던 사람이 전혀 불성실했던 사람과 같은 대우를 받게 되는데, 이것이 공정하냐는 것입니다.

또한 규칙이 이치에 맞느냐는 문제를 떠나, 학생의 입장을 좀 더 배려할 필요가 있다는 도덕적 주장도 나올 법합니다. 학점은 평생 남으며, 경쟁사회에서 중요하게 작용할 수 있지요. 잘못하면 장학금 취소나 유급 등의 불이익으로 이어질 수 있습니다. 그 파급효과로 해당 학생이 절망하거나 인생의 궤도가 바뀔 수도 있습니다. '남에게 중대한 해를 끼치지 않는 한 사정을 봐주어야 한다'라는 배려윤리적 관점에서 시험을 치게 해 주어야 한다는 주장이 있을 수 있습니다.

하지만 '중대한 해는 아니더라도 학우들에게 해를 준다'라는 반론도 있을 수 있습니다. 뒤늦게 자리에 들어와 사유를 설명하고 자리에 앉는 바람에 집중해서 문제를 풀고 있던 다른 학생들의 정신을 산만하게 만들 수 있으니까요. 또한 '저 한 사례를 관용하면 앞으로 시험 시간에 늦게 들어오는 학생이 많아질 것이며, 그만큼 피해의 양이 늘어난다'

라고도 할 수 있습니다.

자, 이런 모든 주장들을 두루 살핀다면 결국 어떻게 하는 게 최선일까요?

넘치지도 모자라지도 않은 기준점을 찾아서

유교 사상가들이 오래 존중해 온 경전으로 《중용》이 있습니다. 《예기》의 한 부분이었다가 송나라의 성리학자들이 특별히 중시하면서 독자적인 경전으로 여겨지게 되었지요. 그 가운데 가장 영향력 있었던 성리학자인 주희(朱熹)는 《중용》의 정신이 곧 '치우치지도 기울지도 말고, 넘치거나 모자라지 않을 것(不偏不倚 無過不及)'이라고 보았습니다. 중도(中道)라고 하면 언뜻 적당히 타협하며 어정쩡하게 넘어가는 것으로 생각할 수 있습니다. '과연 어떻게 해야 편향되지 않을까? 이렇게 하면 지나치지 않을까? 아니면 불충분하지 않을까?' 등을 고민하며 상황에 따라 가장 적절한 해결책을 찾도록 최선을 다해야 한다는 것이 중도입니다.

우리의 문제를 놓고 본다면 교수의 입장과 학생의 입장, 그리고 다른 학생들의 입장 사이에 한쪽으로 기울어지지 말며, 문제의 학생에게 너무 관대한 처분을 해서도, 너무 과중한 판단을 해서도 부당하다는 이야기입니다.

동서양의 묘한 우연으로 아리스토텔레스 역시 '산술적 평등과 비례적 평등'을 이야기하며 주희의 《중용》 해석과 비슷한 풀이를 했습니

이토록 다정한 개인주의자

다. 무엇인가를 나눌 때 '1/n' 하는 식으로 조금도 치우침이 없도록 배려할 필요가 있고, 또한 '힘든 사람에게는 좀 더, 힘이 넘치는 사람에게는 좀 덜' 하는 식으로 실제 상황에 가장 알맞게끔 배려할 필요도 있다는 것이지요. 그리스어로 메소테스(mesotes)라 하는데, 이런 메소테스의 원칙을 우리는 '중용'이라고 번역하고 있기도 합니다.

우리가 살아가는 법과 규칙의 현실에서도 중용은 고려됩니다. 가령 고속도로에서 과속운전을 하면 이른바 딱지를 떼고, 범칙금을 물어야 하지요. 하지만 형사처벌 대상이 되어 벌금을 물거나 감옥에 가지는 않습니다. 이는 과속으로 자신과 타인의 안전도가 낮아지고 사고에 따른 공적, 사적 피해 발생 가능성이 높아지기에 그냥 봐줄 수는 없으나 그 자체가 어김없이 타인을 해치는 일은 아니며, 범죄자라는 낙인을 씌울 만큼 중대한 문제가 아니라고 보기 때문입니다.

그런 한편 음주운전의 경우 반드시 피해가 발생하지는 않지만, 발생 가능성이 상당히 높고, 일단 발생하면 매우 심각한 해가 될 가능성도 매우 높지요. 그래서 음주운전이 과거에는 범죄가 아니었지만 현재는 범죄로 취급하게 된 것입니다. 따라서 과속운전도 지금과 상황이 달라진다면 범죄로 보게 될지 모릅니다.

결국 중용의 정신을 살리려면 누가 봐도 똑 떨어지는 해답을 얻기는 어렵습니다. 여러 사정을 고려하고 상황도 살펴야 하는데, 그만큼 복잡하고 모호하기 때문이지요. 그래서 머리를 맞대어 생각하고 토론하여 '아마 이게 가장 중용에 가까울 것이다'라고 합의하는 과정을 거치는 것이 필요합니다. 좀 더 정의로운 사회를 만들려면 시험 응시 자격 같은 사소한 규칙을 정할 때도 그런 고민과 합의에 따라 수정을 거쳐야 할 것입니다.

그리고 더 나아가 시험 한 번 망친다고, 점수 조금 떨어진다고 '인생 리셋해야 하나?'라고 한탄하게 만드는 사회 분위기 또한 과연 중용의 원칙에 맞는지, 너무 치우치거나 과도한 것은 아닐지 생각해 보아야겠습니다.

CCTV 설치하기 vs.
이웃 감시하기

슬라보예 지젝. 이성의 공적 사용

한국은 치안이 좋은 나라라고 합니다. 사회·경제적인 발전 수준이 비슷한 나라들, 말하자면 OECD 국가들과 비교해 봐도 매우 좋다고 하지요. 해외여행을 가면 소매치기부터 총기 사고까지 다양한 부분을 걱정하게 됩니다. 반대로 서양인들은 한국에 와서 노트북이나 휴대폰을 자리에 놓고 다녀도 훔쳐가는 사람이 없다는 사실에 놀라곤 하지요.

왜 우리나라의 치안이 좋을까요? 국민성이라고만 잘라 말하기는 좀 부족합니다. 국민성도 국민성이지만 다른 나라보다 경찰의 수준이 높고, 전 국민이 지문 날인을 한다는 것, 총기를 비롯한 무기 소지가 금지되어 있다는 것, 그리고 어딜 가도 폐쇄회로 TV, 즉 CCTV가 돌아가고 있다는 점에서 이유를 찾을 수 있을 듯합니다.

인적이 드문 골목에서 강도 사건이 벌어져도 "경찰은 해당 지역의 CCTV 기록을 조사해 한 시간 만에 범인을 붙잡았습니다"라는 뉴스가 나올 정도니, CCTV가 범죄 예방에 큰 몫을 한다고 볼 수 있겠지요.

그것도 부족하다, 지금보다 더 많은 CCTV가 필요하다"라는 목소리도 높습니다. 2015년에 어린이집 교사가 원생을 폭행한 사건이 크게 이슈화면서 전국 어린이집에 CCTV 설치가 의무화되었고, 유치원에도 설치를 강제하는 법안이 검토되고 있습니다. 그리고 2023년, 학부모의 과도한 민원에 시달린 결과로 보이는 어느 초등학교 교사의 극단적 선택이 전국을 뒤흔들었지요. 그에 따라 초중고 교실에도 CCTV 설치가 필요하다는 주장이 나오고 있는 현실입니다.

이런 논란이 지속적으로 커지자 인터넷에는 표14와 같이 교실 내 CCTV 설치를 둘러싼 찬반 의견을 정리한 표도 올라왔습니다. 이 글에서도 'CCTV의 목적은 오로지 범죄의 예방과 증거 수집인데 평소 나쁜 짓을 하지 않는 사람은 반대할 이유가 없다', '학교폭력이나 절도 문제도 줄어들 것 같은데 찬성 측이 훨씬 논리적인 것 같다'라며 교실에 CCTV를 설치하는 문제에 대다수가 긍정적인 반응을 보였습니다.

한편 의료사고 분쟁 때 책임을 분명히 따지려는 용도 등으로 병원의 수술실에도 CCTV를 의무적으로 설치하도록 하자는 이야기도 끊이지 않습니다. 골목길 등 공공장소에 설치하는 CCTV도 갈수록 늘어 2021년에서 2023년까지 두 배로 늘었습니다.

[표14] 교실 내 CCTV 설치 문제를 둘러싼 찬반의견

찬성 이유	반대 이유
① 절도나 폭행 등 교실 내 범죄 예방 ② 학생 간 폭력 사건이 발생했을 때 사건 규명에 도움. 증거가 없다는 이유로 가해자가 발뺌하거나 소송 제기하는 것 방지 ③ 교사가 학생에게 성희롱이나 폭행을 당하는 것 예방 ④ 학부모가 교사에게 욕설이나 폭행하는 것 예방	① 학생과 교사 행동이 모두 노출되기 때문에 인권 및 사생활 침해 ② 교사가 수업을 소신껏 하기 힘듦 ③ 설치하는 자체가 비(非)교육적임

이처럼 이미 많은 CCTV가 꾸준히 늘어나고 있는 것은 반대 여론이 크지 않기 때문이기도 합니다. '사생활 침해 등 인권이 위협받는다'라는 주장이 없지 않지만, 위의 여론조사와 그에 관한 댓글들을 보더라도 다음과 같은 의견이 압도적으로 많습니다.

- "범죄 안 저지르면 되는데 뭐가 문제냐"
- "사각지대에서 학대 등 인권유린이 벌어지지 않도록 하려면 필수다"
- "어차피 비상시에만 보는 거고 평소에는 보지 않는다"

최근 어떤 유명인이 소유 업장에 CCTV를 달고 직원의 근태를 감시했다는 문제가 불거지면서 반대론이 살짝 힘을 얻기도 했었지만, 대세

는 바꾸지 못했습니다.

그러면 우리보다 일찍 인권 개념을 세우고 제도화했던 서구에서는 이 문제에 어떻게 접근할까요?

CCTV? No! 이웃 감시? Yes!

놀랍게도 CCTV 설치는 물론 우리나라에서는 전혀 논란이 되지 않는 자동차 블랙박스에 대해서도 매우 부정적인 분위기입니다. 2000년대 초 강력범죄 급증에 대응하고자 영국 정부가 런던을 비롯한 대도시에 CCTV를 대거 설치했는데, 당시 최대의 사회 이슈가 되었습니다. 영국의 유명 철학자, 지식인들이 나서서 찬반 대논쟁을 벌였지요.

프랑스와 독일 등에서는 그런 논쟁이 없었습니다. 사회적으로 "CCTV는 안 돼!"라는 분위기가 확고했으니까요. 이들은 자동차에 블랙박스도 달지 않습니다. 블랙박스는 자기 차에 설치하는 것이고 사고 등 상황에서 자신의 불이익을 방지하려는 것이라 CCTV만큼 사생활 침해의 우려가 크지 않습니다. 그럼에도 "사생활이 공공기관에 열람되는 일은 참을 수 없다"라는 인식이 워낙 강하기에 블랙박스조차 거부합니다.

서구 사람들의 이런 인식은 매우 뿌리 깊어서 코로나19 대유행 때도 우리나라처럼 처음부터 감염자 및 밀접접촉자의 동선 공개가 이뤄지지 못했지요. 아무리 방역이 중요해도 개인이 언제 어디 가서 누구와 뭘 했는지가 정부기관에 낱낱이 드러나는 일은 참을 수 없다는 시민들의 반발이 컸으니까요.

이토록 다정한 개인주의자

지금 미국, 영국이나 한국에서는…

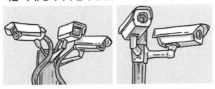

지금 우리나라(독일/프랑스/스웨덴/폴란드 등등)에서는…

[그림6] CCTV와 관련한 밈(그림으로 묘사)

여기서 의문이 듭니다. 서구 사회도 사람 사는 사회이고 범죄도 있을 텐데 CCTV나 블랙박스를 기피한다면 비리가 일어날 경우 어떻게 대응할까요? 범죄 예방도 어렵지 않을까요?

이 문제는 시민들의 자발적 단속으로 대체로 해결된다고 합니다. 폭행, 강도 같은 범죄는 물론이고 누가 길거리에 쓰레기를 버리는지, 이웃사람이 공공장소에 불법주차하지 않는지 보고는 곧바로 지적하거나 신고한다는 것이지요.

그림6은 '미국이나 영국에서는 CCTV가 시민을 감시하는데, 우리나라에서는 이웃 주민이 그 역할을 한다'라는 내용의 밈인데요. 찾아보면 영국을 제외한 거의 모든 유럽 나라들을 볼 수 있어서 재미있습니다.

"그게 뭐가 재미있냐? 섬뜩하다!"라고 하실 분도 많을 것 같습니다.

독재국가의 5호담당제(다섯 개 세대를 하나의 단위로 묶어 가정생활 일체를 간섭·통제·감시하는 제도)도 아니고, 늘 이웃사람이나 옆에서 지나가는 사람의 눈길을 신경 쓰느니 차라리 CCTV가 훨씬 마음 편하다고 여길 수 있습니다. 더구나 CCTV는 특별한 일이 없으면 열람되지 않으니까요.

하지만 공권력이 나를 감시하는 일이 과연 다른 사람이 나의 행동을 감시하는 일보다 마음 편한 일일까요? 서구인들은 반대로 생각하는 것 같습니다. 적어도 '다른 사람'은 공권력에 비해 내게 가할 수 있는 힘이 약하고, 그 다른 사람이 친구나 이웃이라면 나의 잘못을 꼭 응징하고 처벌한다기보다 깨우치고 타이르는 성격을 가질 수가 있으니까요.

나아가 치안과 질서 유지를 명목으로 공권력에 개인 생활에 개입하고 정보를 열람할 여지를 주다 보면 무시무시한 독재국가가 탄생할 수도 있음을 두려워하니까요. 일찍이 프랑스혁명 등 시민혁명으로 개인의 자유와 권리를 주장하며 기존의 공권력을 무너뜨려 왔고, 그러다가 20세기에는 히틀러나 스탈린의 공포정치를 겪기도 했던 서구인다운 태도랄까요.

그래서 《1984년》에서 모든 사람을 감시하며 모든 행동을 통제하는 빅 브라더의 지배를 경고한 조지 오웰이나, 《감시와 처벌》에서 근대국가는 공공질서 유지를 내세우며 개인의 자유와 권리를 통제하려는 경향이 있음을 지적한 미셸 푸코 등 많은 철학자와 지식인들이 공권력의 개인 감시를 부정적으로 보아 왔습니다.

'그래도 고자질을 윤리적으로 옳다고 볼 수 있느냐?'라고 의문을 가질 수 있습니다. 앞서 우리는 솔직함을 다루면서 신중함과 함께 배려가 필요하다고 했었지요?(25쪽 참고) 친구나 이웃의 잘못을 지적하고 훈계하는 정도라면 몰라도 비리를 밝히고 고자질하는 일에는 배려심이 없어 보입니다.

하지만 여기에는 공공질서의 유지라는 명목이 붙습니다. 단지 너와 나의 사적인 관계에 그치지 않고, 전체 공동체의 규칙을 지켜나가도록 서로 애쓴다는 의미가 있지요. 지켜져야 마땅한데 간혹 소홀히 여기는 경우가 있는 규칙 말입니다. 여기에는 불이익을, 때로는 스스로의 위험까지 감수하면서 상사나 동료, 조직의 비리를 고발하는 행동도 포함됩니다. 주권자 시민이 시민의 뜻에 따라 이루어진 공공질서를 직접 지켜낸다는 명목은 소중합니다.

시대에 맞설 수 있는 용기

칸트가 제시한 개념 중 '이성의 공적 사용'이라는 말이 있습니다. '이성의 사적 사용'이란 짜여진 조직 내의 위계 질서에 따라 움직이는 것을 의미합니다. 반면, 공적 사용은 자신의 조직 내 위치나 상사의 권위, 조직의 관행 등을 잊고, "제 생각에 이런 일은 잘못입니다!"라며 한 사람의 시민으로서 말하고 행동하는 것을 뜻합니다. 칸트는 사회가 건강하게 유지되려면 이성의 사적 사용과 공적 사용이 모두 필요하다고 했습니다.

슬로베니아 출신의 사상가 슬라보예 지젝(Slavoj Zizek)은 이 이성의

[그림7] 영화 〈에너미 오브 스테이트〉 정보 인식 장면(그림으로 묘사)

공적 사용이야말로 현대 사회에서 절실하다고 합니다. 그는 미국 국가 안보국 직원으로 일하다가 국가안보국이 은밀히 민간인을 사찰하고 있음을 폭로한 에드워드 스노든, 호주의 언론인으로 《위키리스크》를 만들어 미국의 국가기밀을 포함한 여러 비리를 폭로한 줄리언 어산지 등이야말로 우리 시대의 영웅이라 극찬합니다.

공권력이란 분명 우리 모두의 행복과 안녕을 위해 만들어진 것입니다만, 그 힘이 너무 강력하므로 적절한 내부자 고발이 없이는 우리도 모르는 사이에 공권력에 의해 침해되고, 이용되고, 지배될 수 있다는 것입니다. 따라서 용감하게 이성의 공적 사용을 실천하는 사람이 많아야 하며 CCTV와 같은 감시장치를, 그것에 접속된 공권력을 마냥 믿어버리는 일은 위험하다는 게 지젝의 주장입니다.

영화 〈에너미 오브 스테이트〉를 보면 국가가 첩보위성을 이용하여 전화, 팩시밀리, 무선통신, 이메일 등 모든 종류의 통신을 감청하는 걸

이토록 다정한 개인주의자

넘어 CCTV에 찍힌 사람의 개인정보까지 세세히 알 수 있는 장면이 등장합니다(그림7). 이러한 정보력을 이용하여 국가기관에 반하는 의사를 표한 일반인들을 국가의 적으로 돌리고, 끝까지 감시하고 추적하지요. 우리는 CCTV가 특별한 일이 없으면 열람되지 않는다고 생각하지만 과연 정말 그러할지 고민해 볼 필요가 있습니다.

물론 주의해야 합니다. 아버지를 고발한 자식의 이야기를 듣고 "그런 것은 정직함이 아니오!" 하며 공자가 이맛살을 찌푸렸다는 이야기처럼(90쪽 참고) 타인의 행동을 감시하고 비리를 폭로하는 일은 정의감, 이성의 공적 사용에서라기보다 영웅심리에서, 심지어 타인의 불행(조리돌림이 되거나 쇠고랑을 차거나)을 즐기는 샤덴프로이데(Schadenfreude, 238쪽 참고)에서 비롯된 것일 수도 있으니까요(위에 든 '우리나라식 CCTV' 밈은 그런 경향을 우려하는 뜻에서 만들어졌을지 모릅니다). 또한 인적이 드물거나, 어두운 곳에서 벌어지는 범죄 예방과 추적은 시민들의 자발적 단속만으로는 부족합니다. 그래서 유럽에서도 CCTV가 아예 없지는 않습니다만, 매우 제한적으로 고민을 충분히 한 다음에 설치하곤 하지요.

서양에 비해 동양에서는, 특히 우리나라에서는 공권력에 의한 개인 감시 및 개입에 보다 관대한 듯도 합니다. 하지만 우리에게도 시민들이 자발적으로 단속하는 전통이 있었습니다. 바로 향약(鄉約)입니다.

"덕업상권(德業相勸, 좋은 일을 하도록 서로 권해 주고), 과실상규(過失相規, 잘못된 일은 서로 규제하고), 예속상교(禮俗相交, 서로 사귀면서 예를 갖추고), 환난상휼(患難相恤, 어려운 일에 서로 돕는다)"라는 4대 덕목을 실천하는 자발적 모임이었던 향약. 그 가운데 과실상규야말로 시민들의 자발적 단속 행위라 할 수 있지 않을까요?

예속상교도 있습니다. 서로를 대할 때 예의를 갖추자, 즉 서로를 소중히 대하고 그 관계를 충실히 여기자는 뜻이지요. 어느 정도는 필수적인 CCTV 등의 감시체계, 그러나 이를 설치하고 확대할 때는 신중함과 배려심이 있어야겠습니다. 특히 교실처럼 기본적인 신뢰가 있어야 제 모습을 갖추게 되는 모임 공간에서는요.

그런 점에서 앞에서 언급했던(92쪽 참고) '충실함이란 무엇인가?'에 대해 다시 한번 생각해 보기로 합시다

이토록 다정한 개인주의자

의도가 좋으면
폭력도 괜찮을까?

발터 벤야민, 신적 폭력

최근 동물해방활동가들이 논란의 중심에 섰습니다. 초밥 식당과 신촌의 무한리필 삼겹살 집에 들어가 "여러분이 먹는 것은 음식이 아니라 폭력입니다. 동물 살해는 즉각 중단되어야 합니다"라며 1인 시위를 하거나*, 살해된 가축들을 애도한다는 명목으로 대형마트 정육코너에 국화꽃을 놓고 오는 등의 퍼포먼스를 벌였기 때문입니다. 이에 대해 '뜻은 좋다'라는 의견도 일부 있었지만, 그 방법에 대해서는 대다수가

◆
유튜브 '직접행동DxE'
(무한리필 식당 방해시위)

부정적인 반응을 보였습니다. 또한, 그 '뜻'에 대해서도 "육식이 뭐가 문제냐"라며 화를 내고, 심지어 "제 정신이 아니다"라며 이들을 조롱하는 경우도 적지 않았지요.

몇 년 전, 정확히는 2019년부터 2021년까지 '폭력을 거부하는 폭력 시위'가 서울 곳곳에서 벌어졌습니다. 미국에서 창설된 DxE(Direct Action Everywhere)라는 동물권 단체의 한국 지부원들이 고기를 팔거나 요리하는 식당, 업소들에 난입해 기습 시위를 벌인 겁니다.

이들은 서울 등 수도권의 여러 곳에서 여러 명 또는 한 사람이 시위를 벌였고, 그림8과 같은 메시지를 내놓았습니다. 메시지를 보면 동물 해방론의 '종차별주의 반대'의 입장을 취하고 있습니다. 피터 싱어가 대표적으로 제기한 이 이론은 피부색을 이유로 흑인, 황인을 차별하거나 성별을 이유로 여성을 차별하는 것이 부당한 것처럼 인간 이외의 동물을 차별하지 말아야 한다는 것입니다.

이는 싱어가 공리주의 사상가이기 때문에 떠오른 발상입니다. 공리주의에서는 '사람다워야 사람이다', '만물은 어떤 목적을 갖고 있으며, 각자의 목적을 달성해야만 가치를 갖는다'라는 식의 주장을 거부하고, 오직 쾌락과 고통만이 가치라고 합니다. '최대 다수의 최대 행복'이 사회정의가 되는 까닭은 한 사회의 사람들이 느끼는 쾌락과 고통의 총합을 따졌을 때 플러스값(즉 고통을 제한 쾌락의 총량)이 극대화되도록 하는 것이 지상 목표라고 보기 때문이지요.

이러한 관점에서 싱어는 '쾌락과 고통을 느끼는 존재는 사람만이 아

지금 여러분의 테이블 위에 있는 것은
음식이 아니라 동물입니다. 음식이 아니라 폭력입니다.

우리 인간이 인간답게 살 권리가 있는 것처럼
돼지도 돼지답게, 동물답게 살 권리가 있습니다.
돼지의 목숨은 돼지의 것이며,
삶의 결정권은 그들에게 있습니다.

우리가 인간으로 태어났다는 이유만으로 다른 동물에게
고통을 가하거나 폭력을 행사하거나 착취를 가할
권리가 없습니다. 그것은 우리가 어떤 성별이나 인종으로
태어났다는 이유만으로 차별을 받는 게 부당한 것과 같습니다.

지금 제 말이 불쾌하거나 우습게 들릴지 몰라도
동물이 겪고 있는 폭력적인 현실을 생각해 주세요.
동물에게 가해지는 폭력에 반대하고 차별에 동조하지 마세요.
동물을 살해하지 마세요.

[그림8] 동물해방활동가의 호소문

니지 않은가? 그렇다면 동물이라는 이유로 고통을 강요하고, 인간의 중요하지 않은 쾌락의 희생물로 삼는 일은 부당하다!'라고 생각했습니다. 이 '쾌고감수능력(sentience, 쾌락과 고통을 느낄 수 있는 능력)이 있는 존재'를 윤리적 고려의 대상으로 잡을 때 피부색이나 성별로 차별을 둘 수 없듯 인간종이냐 그 밖의 동물종이냐를 따지는 일은 종차별주의로

부당하다는 것이지요.

이는 역사상 가장 강력한 육식 반대론의 근거가 됩니다. 일찍이 피타고라스 학파나 불교도 등 여러 사상 유파들이 이런 저런 까닭을 들어 육식을 반대했습니다. 하지만 근대 이후 보편적인 힘을 얻은 인권사상, 즉 어느 누구라도 성별, 인종, 종교, 정치적 견해 등등을 근거로 차별받을 수 없다는 사상에 함께 올라타는 식으로 동물해방론·동물권리론이 대두되면서, 전 세계적으로 많은 사람들에게 공감과 지지를 얻게 된 것이지요.

이에 반발하고 비판하는 사람들도 많습니다. 그렇지 않았다면 이미 우리 식탁에는 고기가 사라졌겠지요. 싱어의 사상이 갖는 일부 모순이나 결함을 지적하기도 하고**, 아무리 그래도 사람은 같은 종인 다른 사람을 우선 배려해야 할 텐데 "낯선 이웃보다는 우리 집 강아지가 훨씬 소중하다"라는 확장된 이기주의를 정당화하는 효과가 있다는 주장도 합니다. 무엇보다 "쾌고감수고 나발이고 동물이 어떻게 사람처럼 권리를 갖냐!"는 정서적 반응이 아직도 대세에 가깝습니다.

** 그는 어디까지나 쾌고감수능력을 기준으로 하기 때문에, 신경세포가 발달하지 않아 쾌락도 고통도 느끼지 못한다고 보이는 갑각류, 어패류 같은 동물은 마음대로 먹어도 된다고 합니다. 일체의 육식을 거부하는 비건들에게는 탐탁지 않은 입장이지요. 또, '그렇다면 사람과 동물의 생명이 동등하다는 건가? 그러면 가령 두 마리의 돼지를 살리기 위해 사람 하나를 죽여도 되는 건가?'라는 질문에 '아니다. 딜레마 상황이라면 사람을 우선해야 한다. 사람은 평균적으로 기대수명이 여느 동물보다 길고, 살면서 느낄 수 있는 쾌락과 고통이 훨씬 복잡 다양하기 때문이다'라고 대답함으로써 '결국은 사람의 지능이 높기 때문에 동물과 차별되어야 한다는 말 아니냐?'는 반박을 당하기도 하지요.

[표15] 랍스터를 산 채로 삶는 행위를 금지하는 국가들

'랍스터 산 채로 삶는 것' 금지하는 나라

영국 랍스터 산 채로 뜨거운 물 넣고 삶는 것 금지…
· 영국 정부 지난 5월 동물복지법 개정안 의회에 보내 조만간 상원에서 통과될 예정
· 살아있는 랍스터, 게 뜨거운 물에 넣거나 산 채로 배송하면 안 돼
· '랍스터 등 모든 고등 신경계갖고 있어 고통 느낀다'는 동물보호단체 주장 받아들여

스위스, 뉴질랜드, 오스트리아 등 이미 산 채로 랍스터 삶는 것 불법	
스위스	랍스터 요리 전 전기 충격을 주거나 망치로 머리 때려 기절시켜야… 산 채로 끓는 물 넣으면 형사처벌
노르웨이	양식 연어 절단 전 이산화탄소 주입해 마취하고 전기 충격 가해야… 윤리적 어획 실시

그래도 점점 심각해지는 환경 문제를 향한 경각심에 힘입으면서, 동물의 권리를 보장하자는 움직임은 꾸준합니다. 헌법에 동물권을 넣는 나라가 늘고 있고(독일, 스위스, 이탈리아, 룩셈부르크, 세르비아, 인도, 브라질 등), 권리의 주체를 동물에까지 아우르게끔 법을 고치는 경우도 있습니다(가령 '모든 사람은 평등하다'를 '모든 사람과 동물은 평등하다'로 바꾼 독일). 유럽연합은 엄격한 동물복지 조건을 갖추지 못하면 식육의 생산과 거래를 불허하며, 외국에서 수입되는 식육에 대해서도 그렇게 하고 있습니다. 또한, 도살이나 조리 등에서도 동물의 고통을 최소화해야 합니다. 가령 영국, 스위스, 노르웨이 등에서는 랍스터를 산 채로 삶는

일이 불법입니다(표15).

우리나라에서도 헌법으로 동물권을 보장하자는 움직임이 2017년 출범한 '개헌동동'을 비롯한 개인 및 단체들에게서 나오는 중입니다. 비건이 되는 힘겨움을 덜기 위해 맛에서 진짜 고기와 차이가 없는 대체육을 만들어내려는 노력도 세계적으로 활발합니다.

우리 시위가 짜증난다고? 오히려 좋아!

그렇다면 앞에서 이야기한 정약용의 "인은 사람에게 해당된다"라는 철학은(73쪽 참고) 묻어 버려야 할까요? 꼭 그렇지는 않습니다. 캣맘 논란은 '사람보다 동물을 더 아끼는 일은 타당한가'의 문제였습니다. 외국에서 드높은 동물권 옹호론도 동물을 위해 사람을 저버리자는 이야기는 아니지요.

정약용의 철학은 굶어 죽는 이웃이 있는데 내가 더 친근히 여기는 개나 고양이의 건강만 챙기는 일은 부당하며, 한편으로 캣맘이라는 이유로 마녀사냥을 하고 공격하는 일도 부당하다는 뜻을 담고 있습니다. 도나 해러웨이, 브뤼노 라투르 같은 철학자들은 '동물의회' 또는 '사물의회'와 같은 이야기도 합니다. 이는 지금의 의회제도와 법률체계는 인간중심주의에 빠질 수밖에 없으니 동물, 나아가 식물과 산, 바다 같은 사물들까지 의회 구성원이 되어 각자의 입장을 밝히고 이익을 주장하도록 한다는 것입니다.

하지만 그들도 고양이가 법률안을 만들고 선인장과 바위덩어리가 정책을 토론하도록 하자는 건 아니지요. 마치 그런 존재들이 동료 의원인 것처럼, 인간들의 의회가 동물-사물의 권리를 고려하고 존중하며 정책을 만들어 가자는 것입니다. 결국 동물의 권리가 있어도 그 권리를 보호하는 존재는 인간입니다. 그러므로 인간을 배제하고 탄압하면서 동물을 위한다면 널리 설득력을 얻을 수 없는 것이지요.

그러면 결국 여기에 나온 시위자들의 행동을 그 주장 자체로는 뭐라고 하기 어렵다고 볼 수 있겠습니다. 그 주장 자체에 의문을 품는 사람도 있겠지만, 옹호하는 사람도 만만찮으니까요. 그러면 문제는 '주장이 그럴듯하다 해도, 꼭 그런 방식으로 시위를 해야 했나?'에 있겠네요.

사실 편안한 마음으로 즐겁게 식사하던 중 느닷없이 시위와 마주하게 된 손님들의 심정은 황당 그 자체였을 것 같습니다. 아이라도 동반하고 있었다면 아이가 무서워서 울었을지도요. 그게 아니라도 단지 좀 어수선한 정도가 아니라 고기 먹는 자신들을 폭력행위 가담자로 몰아간 셈이니 많이 불쾌했을 수 있지요.

업소 입장에서도 "무슨 권리로 남의 장사를 방해하느냐?"라며 분노했을 것입니다. 실제로 2019년 두 번째로 서대문구의 고기부페집에서 기습시위를 벌인 시위자가 그 뒤 이를 SNS에 스스로 올렸더니, 그에 달린 1천 여개의 댓글은 단 하나를 제외하고는 시위자를 비난하고 타박하는 내용이었다고 합니다.

그런데 그 시위자는 그런 부정적 반응이야말로 '자신이 바라던 것'이라고 응답했습니다. 아무렇지도 않게 동물의 고기를 먹는 일상을 부수고 싶었으며 자신들이 하는 일이 얼마나 끔찍한 일인지 깨닫기를 바랐다는 것입니다. 그래서 시위로 불편과 짜증을 느꼈다면 성공한 것이라고요!

사실 이 시위를 기획한 DxE의 미국 본거지 사람들이나, 더 유명한 급진적 동물권 단체 PETA 회원들의 경우 이보다 더 거칠고 폭력적인 시위를 거듭합니다. 레스토랑에 난입해 피를 나타내는 붉은색 페인트를 뿌려대기도 하고, 식사 중이던 손님들에게 "당신들은 모두 학살자들이야!"라며 폭언과 삿대질도 합니다. 연구소에 침입해 실험용 동물들을 '구출'하거나, 동물 학대와 살육의 현장이라고 비판하는 공장식 농장에 잠입해서 수용되어 있던 가축들을 '구출'하는 일도 벌입니다.

모두가 다만 윤리성 여부를 따질 정도의 일이 아닙니다. 영업 방해에 언어 폭력, 명예 훼손, 무단 침입, 기물 파손, 절도 등등 범죄 구성요건에 맞는 행동들이지요. 이들 단체는 어린이들에게 육식의 잔혹성을 일깨우고자 맥도날드의 상징인 로널드가 닭의 목을 자르는 모습의 장난감을 나눠 주거나, 동물복지에 비교적 무관심한 듯한 셀럽들을 두들겨 패고 죽이기까지 하는 게임도 만듭니다.

또한 캣맘이나 심지어 피터 싱어조차 뛰어넘어, '더럽고 해로운' 또는 '쾌고감수능력이 떨어지는' 동물의 생명도 존중하려 합니다. 그래서 쥐덫에 잡힌 쥐들도 구출해서 풀어 주지요. 버락 오바마 대통령이 날아든 파리를 무심코 때려잡는 영상이 잡히자 '파리의 생명을 존중할 것을 요구한다!'라는 공식 항의를 보내기도 했습니다. 이런 행동들은 일부 비건들까지 포함한 많은 사람들로부터 '도를 넘었다', '정상이 아니다'는 반응을 얻고 있기도 합니다.

"그치만 이렇게 하지 않으면 세상을 바꿀 수 없는 걸!"이라는 이들 급진적 동물권 운동가들의 목소리는 멈추지 않습니다. 실제로 이들의 폭력적 시위 이후 맥도날드를 비롯한 여러 식품기업에서 동물복지 기준을 높이고 동물실험도 자제하게 된 것은 사실이지요.

그러면 이런 단체들의 폭력적 시위가 '신적 폭력'에 해당될지, '정의감 중독'에 해당될지에 따라 그 정당성 여부를 판단할 수 있겠습니다.

세상을 바꾸기 위한 폭력은 무조건 정당할까?

신적 폭력이란 유대계 독일 철학자인 발터 벤야민(Walter Benjamin)이 내놓은 개념입니다. 그는 역사적으로 한 사회의 법체계는 정의의 이름으로 누군가를 소외시키곤 했다고 합니다. 고대 아테네의 민주주의 법체계는 여성과 노예를 소외시켰고, 독립 혁명으로 세워진 초기 미국도 흑인과 인디언을 소외시켰던 것이지요. 이렇게 불완전한 정의를 담은 법체계를 세우는 힘을 그는 '정립적 폭력'이라고 불렀습니다.

그 다음에 그 법체계를 유지하기 위해 정의의 이름으로 행해지는 폭력, 가령 노예 반란을 진압하거나 백인 전용 장소에 들어온 흑인을 처벌하는 힘을 '보존적 폭력'이라고 불렀습니다. 이 두 가지는 합쳐져 체제 수호적인 '신화적 폭력'이 됩니다. 벤야민은 이에 대항하는 폭력, 즉 기존 질서에서 소외되고 학대받아 온 이들을 위해 새로운 정의의 질서를 요구하는 폭력을 '신적 폭력'이라고 불렀습니다.

예를 들면, 여성 참정권을 부르짖으며 전개된 19세기 영국의 서프러제트 시위, 대한 독립을 외치며 일어선 3·1 운동, 인종차별 철폐를 요구하며 벌어진 마틴 루터 킹과 말콤 엑스 등의 1960년대 흑인 민권 운동 등이 그런 신적 폭력입니다.

아니 잠깐, 노골적 폭력 봉기를 주장한 말콤 엑스는 몰라도, 나머지 사례는 모두 비폭력 운동 아닌가요? 그런데 왜 폭력이라고 부르는 걸까요? 그것은 벤야민의 폭력 개념이 우리가 상식적으로 생각하는 폭력에 비해 넓기 때문입니다. 누군가를 구타하거나 살해하는 행동이 아니더라도 기존 법규를 깨트리며, 기존 질서에 안주하고 살아가는 사람들에게 불쾌감, 불안감, 불편함을 유발하는 행동, 때로는 재산상 피해도 일으키는 행동이라면 모두 폭력입니다.

자유주의 사상가인 존 롤스도 시민불복종이라는 개념으로 정의롭지 못한 체제에 불법을 무릅쓰고 저항할(단, 상식적 의미에서의 비폭력을 고수하며) 권리와 책임을 주장했는데요. 벤야민의 신적 폭력은 그보다 더 심층적이고 근본적인 개념입니다. 그야말로 신이 천지개벽을 하듯 '세상을 바꾸는 힘'인 거지요.

DxE나 PETA 회원들은 자신들의 행동이야말로 전형적인 신적 폭력이라고 할 것입니다. 동물의 권리를 무시하고 동물을 학대, 착취하면서도 아무렇지도 않게 살아가는 사람들에게 불안과 불편과 손해를 주면서, 인간과 동물이 평등하게 상호존중하는 새로운 세상을 지향하는 행동이니까요.

그럴 수도 있습니다. 하지만 세 가지 점을 생각해야 합니다. 첫째, 피터 싱어 사상이 갖는 한계입니다. '쾌고감수능력의 유무만으로, 또는 생명의 존재만으로 인간과 동물이 동등한 권리를 갖는다고 할 수 있는가?' 당연히 그렇다고 동의하는 사람도 있지만 납득할 수 없다는 사람도 있는 것이지요.

지금 우리는 남성과 여성, 백인과 흑인, 기독교인과 불교인 등등이 똑같은 사람으로서 동등하다는 데 의심하지 않습니다. 그러나 사람의 권리를 동물에게도 똑같이 인정하지 않는 것을 '종차별'이라고 불러야 되는지는 아직 합의되지 않았습니다. 벤야민이 말하는 신적 폭력이 쟁취하려 했던 권리는 기득권자들이 알면서도 억압했거나 아예 생각조차 하지 않았던 권리입니다. 그러나 곰곰이 생각해 보더라도 우리 모두가 '인간과 동물은 완전히 동등하다'고 받아들이려면 아직 시간이 필요합니다.

둘째, 도나 해러웨이와 브뤼노 라투르의 한계입니다. 설령 동물에게 우리와 똑같은 권리가 있어도 그들 스스로 권리를 주장할 수는 없습니다. 사람이 대리해야 합니다. 과거 신적 폭력의 주체는 권리를 인정받지 못하던 사람들이었습니다. 그런데 말과 생각이 어려운 동물을 대신하여 동물이 아닌 사람들이 '돼지의 목숨의 돼지의 것이며, 삶의 결정권은 그들에게 있다'라며 돼지 사육과 도축을 방해한다면 그것도 신적 폭력일까요? 자칫 돼지의 뜻은 돼지의 것인데도 인간이 그 뜻을 감정이입하여 그들의 삶의 결정권을 대리하고 있는 것은 아닐까요?

셋째, 그들의 행동이 정의감 중독의 산물일 수도 있다는 점입니다. 일본의 감정 심리연구자인 안도 슌스케는《정의감 중독 사회》라는 책에서 자신의 행동이 정의에 부합하는지 알려면 다음과 같이 세 가지 대상을 따져 봐야 한다고 합니다. 첫 번째, 이 행동은 주위 사람들에게 유익한가? 두 번째, 이 행동은 장기적 관점에서 유익한가? 세 번째, 이 행동은 나 자신에게 유익한가?

해리엇 비처 스토는《톰 아저씨의 오두막》을 써서 미국 흑인 노예들의 비참한 처지를 널리 알렸고, 노예 해방 운동에 불을 지폈습니다. 자신과 흑인 노예들에게 모두 유익했고, 장기적으로 인간 평등의 대의를 굳히는 데 기여했으니 안도의 기준에 모두 부합한다고 하겠지요.

가브릴로 프린치프는 세르비아 민족해방운동의 차원에서 사라예보를 방문한 오스트리아의 황태자 부처를 살해했습니다. 황태자 부처에게는 유해했지만 민족해방의 대의에는 부합했으니 괜찮은 걸까요? 그의 행동이 일으킨 연쇄반응으로 제1차 세계대전이 벌어졌고, 역사상 가장 많은 사람들의 목숨이 스러졌습니다. 장기적 관점에서 완전히 유해했던 거지요. 그 자신도 자책과 후회에 시달리다가 옥중에서 사망했으니 결코 유익했다고 할 수 없습니다(설령 처벌을 받고 사형에 처해진다 해도, 스스로의 뜻이 정의라고 확신하며 긍지를 간직할 수 있었다면 유익하다고 했겠지만요).

여러 조건에 부합하지 않는데 기어코 정의의 이름으로 폭력을 행사

한다면 무엇 때문일까요? 안도 슌스케는 여기에 정의감 중독이라는 딱지를 붙입니다. 열등감이나 자괴감 같은 부정적 감정에서 비롯된, 뭔가 대단한 일을 해냄으로써 자존감을 얻고 스트레스를 마음껏 해소하려 하는, 정의 그 자체가 아니라 자신의 욕망을 위한 행동 패턴이라는 거지요. "상대방이 납득하기 어려운 분노에 휩쓸려 행동하면, 자신의 정당성을 주장하는 과정에서 상대와 대립하며 오히려 자신이 지키려 했던 지역사회에 분쟁을 일으킬 수도 있다"

안도 슌스케는 이런 경고도 합니다. 신적 폭력이 결국 세상 사람들의 안일함에 경종을 울리고 세상의 방식을 바꾸어 새로운 정의를 이루려는 것이라면 동물권처럼 아직 논쟁의 여지가 많은 문제를 일방적이고 폭력적으로 밀어붙일 때 오히려 반작용이 일어날 수 있다라고요.

아직 논의를 끝내서는 안 된다!

인터넷에서 '업진살 살살 녹는다'라는 밈을 본 적이 있나요? 이 밈은 10여 년 전 나온 뒤로 여러 커뮤니티에서 꾸준히 돌고 있는 밈으로, 명확한 유래가 있습니다.

한 커뮤니티에 동물의 도살 장면이 연상되어 가죽은커녕 인조 제품도 못 쓰겠다고 글을 쓴 사람이 있었습니다. 그러나 알고 보니 그는 과거에 업진살 사진과 함께 '살살 녹는다~'라며 고기의 풍미를 즐기는 글을 쓴 적이 있었고, 상반된 두 글은 사람들에 의해 나란히 캡처되어 인터넷에 퍼졌습니다. 이는 '비건인지 채식주의자인지 하는 사람들은 모두 이런 위선자들이다!'라는 반응과 함께 곧 인기 밈이 되었습니다.

'캣맘=정신병자'라고 몰아붙이는 것처럼 일부 사례를 일반화해서 혐오와 조롱의 대상으로 만드는 과정의 좋지 못한 산물입니다. 하지만 많은 사람이 당연시하는 상식을 깨고 싶어 하는 사람들이라면 되도록 반감과 곡해의 실마리를 주지 않도록 애써야 하지 않을까요? 벤야민적 기준에서 엄연히 신적 '폭력'이었던 저항운동을 '비폭력' 운동으로 비치게 하면서, 기득권자들과 무관심했던 사람들의 심금을 울렸던 간디나 마틴 루터 킹의 전략을 되새겨 봐야 하지 않을까요?

서구는, 아니 세계는 점점 더 사람 이외의 존재를 배려하는 쪽으로 움직이고 있습니다. 지금은 소수인 비건이 미래에는 절대 다수로 바뀔지도 모릅니다. 그러나 아직 그 윤리성에 대한 논쟁은 진행형입니다. 종차별 금지야말로 과거 노예 해방이나 인종차별 철폐와 맞먹는 우리 시대의 숭고한 과제라고 믿는 사람들, 그 논쟁의 과정에서 보다 유리한 전략을 고민해야 할 것입니다. 그것은 자신들의 행동이 혹시 정의감 중독의 산물이 아닐지 돌아보는 일, 수많은 양심적인 사람들을 잔인한 살육자라고 매도하면서 새로운 혐오와 차별의 프레임을 짜고 있는 것은 아닌지 고민하는 일도 포함됩니다.

이토록 다정한 개인주의자

아이에게 무서운 이야기를
하는 것은 아동학대일까?

이사야 벌린, 문화다원주의

어느 젊은 부모가 아기 동영상을 인스타그램에 올렸습니다(그림9).
소리에 반응해서 꿈틀꿈틀 움직이는 선인장 모양 장난감을 보고 아기
가 그만 울음을 터뜨리네요. 낯선 뭔가가 별안간 움직이는 게 무서웠
던 모양입니다. 영상을 올린 부모는 우는 아이를 보며 미안해하는 반
응을 보입니다.

댓글은 표16처럼 '귀여워 죽겠다', '우리 아기한테도 해 봐야지' 하는
반응이 많았습니다. 인스타그램 등에 '아기여워 챌린지'라며 자기네 집
아기의 '귀염뽀짝' 순간을 찍어 올리는데, 아기가 서툴게 서거나 기거
나 하는 장면, 아기끼리 노는 장면, 환하게 웃는 장면 등과 함께 '뿌앵'

[그림9] 움직이는 선인장에 놀라 우는 아이의 모습(그림으로 묘사)◆

하고 울음을 터뜨리는 장면이 인기지요.

그런데 이런 '우는 모습 귀여워' 류의 동영상에 달린 댓글들을 보면, 외국인들이 단 것으로 보이는 댓글 가운데 좀 특이한 점이 눈에 띕니다. 외국인으로 보이는 유저들이 단 댓글은 '자식에게 왜 이런 아동학대 행동을 하느냐'라며 아기의 부모를 비판하는 경우가 많습니다. '아시아인들은 역시 미개해'라며 인종차별 발언을 내놓기도 하고(중국이나 일본의 여러 유저들도 보기 불편하다는 반응을 했습니다만), 심한 경우에는

◆
인스타그램
검색어 키워드 '춤추는 선인장', '우는 아기'

이토록 다정한 개인주의자

[표16] 아이가 우는 모습에 달린 댓글

댓글 ▼
나중에 우리도 해 보자ㅋㅋㅋ 반응 궁금해
놀래는 거 귀여워ㅜㅜㅜ
아구구 놀래쩌 ㅠㅠ 왜케 귀엽냐!
왜 저런 장난감을…? 아직 어린 아이인데 놀라게 하는 건 좋지 않아요
자기 자식을 놀라게 해 놓고 좋다고 웃네
대체 왜 저래? 가족을 학대하는 걸 즐기는 아시아인 부모 말이야

'저런 부모는 감옥에 처넣어야 해!'라며 분노, 극혐하기도 합니다. 그러다 보니 '귀여운 데 뭐가?' 하며 비난 댓글을 다는 외국인들을 '카렌(Karen)', 즉 프로불편러로 취급하며 댓글 전쟁이 벌어지기도 합니다.

자, 그러면 왜 이런 상황이 나타나는 걸까요? 세상에는 아이와 부모의 단란한 시간을 삐딱하게 보는 불편러들이 적지 않아서일까요? 아니면 우리가 잘 몰라서 그렇지 다른 나라 사람들은 인권, 특히 아동의 인권에 대한 인식이 우리보다 훨씬 엄격해서일까요?

뭐든 어린아이를 불편하게 만드는 일에 우리보다 외국(특히 서구)에서 민감한 반응을 보이는 경향은 확실히 있는 듯합니다.

장난으로 한 건데? vs. 아기에게 해로워!

2017년, 부산대학교 정치외교학과 교수인 로버트 켈리는 의도치 않

[그림10] 영국 BBC 방송 생방송 인터뷰 중 벌어진 해프닝 장면(그림으로 묘사)◆◆

게 전 세계적인 유명인사가 되었습니다. 북한의 움직임에 대해 영국 BBC 방송과 생방송 인터뷰를 하다가 벌어진 해프닝 때문이었지요(그림10). 무심코 열어 둔 방문으로 네 살 된 딸 매리언이 움칫둠칫 춤추며 '난입'해 카메라에 잡혔고, 어쩔 줄 몰라 하며 인터뷰를 계속하는 켈리 교수에게 한 살짜리 아들 제임스까지 보행기를 타고 들이닥쳤지요. 켈리 교수는 쥐구멍에라도 들어가고 싶었을 테지만 인터뷰를 하던 BBC

◆◆
유튜브 'BBC News'
(Children interrupt BBC News interview)

이토록 다정한 개인주의자

앵커와 시청자들은 웃음바다가 되었습니다. 그의 아내이자 아이들 엄마가 허둥지둥 들어와 아이들을 끌고 나가면서 이 '세상에서 가장 귀여운 방송사고'는 끝났더랍니다.

그런데 이때도 이를 직관하거나 동영상으로 찾아본 시청자들 사이에서 반응이 묘하게 갈렸습니다. 한국인들은 '너무 귀엽다', '육성으로 터짐' 이런 반응이 거의 대부분이었던 반면, 외국인들은 '그런데 왜 아이들을 저렇게 거칠게 끌고 나가느냐', '문을 열어둔 어른 잘못이지 아이들 잘못은 없지 않느냐', '아시아인들은 아동 인권에 무감각한 것 같다' 등의 반응이 적지 않았던 거지요.

여기에 화면에 잡힌 여성이 아이들 엄마인 걸 모르고 '나라면 저따위 보모는 당장 해고한다!'라는 좀 엉뚱한 인종차별적 반응도 있었습니다. '서양인 집안 살림을 돕는 아시아인'이라는 편견이 작용했던 거지요.

그렇다면 아기 울리기 영상에 대한 한국 댓글과 외국 댓글의 온도 차이는 단지 문화 차이에서 비롯된다고 말할 수 있을까요? 외국 댓글러들이 우려하는 것처럼 아이를 깜짝 놀래키거나 무섭게 하는 행동이 아이에게 유해한지 여부가 우선 중요할 것입니다.

아동심리학 전문가들의 말로는 대체로 돌 되기 전의 아기에게는 부모든 누구든 일부러 깜짝 놀라게 만드는 행동을 삼가야 한다고 합니다. 이 무렵에는 몸의 근육이 덜 발달했듯 마음의 근육도 여리디 여려서 가벼운 장난으로도 마음의 상처를 남길 수 있기 때문이라지요.

그러면 그보다 좀 더 큰 아기는 어떨까요? 놀라게 하는 사람과의 애

착관계가 관건이 된다고 합니다. 친근함과 애정을 꾸준히 주고받은 사람의 장난은 그야말로 장난으로 넘어갈 수 있다는 것이지요. 이런 경우라도 곧바로 보듬고 달래 주어야 하며, 울거나 무서워하는 데도 그대로 방치하면 역시 트라우마가 생길 수 있답니다.

이렇게 보면 어쨌든 아이에게 해로울 가능성이 없지 않으니 아기 울리기 장난은 되도록 삼가는 게 맞을 듯도 합니다. 외국의 불편러들이 '발작버튼'을 누를 만큼 심각한 일은 아닐지 몰라도 말이지요.

이런 행동과 관련한 아이의 심리적 효과와 함께 왜 그런 행동을 하는가에 대한 어른의 심리적 동기를 따져 보면 심각성은 조금 더해질 수도 있습니다. 자식을 일부러 울리는 부모의 동기는, 어쩌면 열등자에 대한 조롱 및 보호자 지위의 재확인에 있을 수도 있으니까요.

코미디 프로그램에서 코미디언들이 일부러 바보처럼 보이는 행동을 하고, 그걸 보며 관객들이 깔깔 웃는 경우가 있습니다. 열등한 상대를 조롱하며 스스로 우월감을 느끼고 싶은 사람들의 심리를 이용한 것이지요. 코미디까지는 몰라도 장애가 있다거나, 외국 출신으로 우리말을 잘 못한다거나, 공부든 뭐든 서툴다는 등의 이유로 놀리고 창피를 주는 집단따돌림은 명백히 비윤리적인 행동이겠지요. 그처럼 별 일도 아닌데 어리석게도 무서워하고 울어 버리는 상황을 만들어서 우월감을 느끼고 즐기려는 의도가 아기 울리기에 깔려 있지는 않을까요?

이러한 관점에서도 생각해 볼 수 있습니다. 아이가 무섭거나 놀라서 울면 부모들은 아이를 얼른 안고 토닥토닥 달래 줍니다. 그러면 아이는 울음을 그치고 부모의 품에 파고들지요. 이것으로 아이가 부모를 맹목적으로 믿고 따르며 부모는 그 보호자라는 사실이 확실해집니다. 그런 점을 거듭 확인하고자 일부러 아이를 울리는 건 아닐까요? 제비 다리를 부러뜨리고 치료해 주는 놀부의 행동이 감사받기 어렵듯, 이 또한 윤리적으로 바람직해 보이지 않습니다.

하나만 아는 고슴도치와 두루 아는 여우

사람의 심리는 미묘하고, 똑같은 경우라도 여러 가지로 다른 변수가 들어갔을 수 있지요. 적어도 돌이 지난 아이에게 아기 울리기를 하는 것에 대해서는 역성들어 줄 만한 분석도 있습니다.

아이는 앞으로 살아가면서 여러 가지 싫은 일, 무서운 일을 겪게 될 테지요. 그런데 늘 언제나 '오구오구'만 해 주는 부모의 품에서 지내다 보면 그런 일을 처음 겪을 때 큰 충격을 받을 수 있습니다. 그래서 약간의 병균을 미리 주사해서 그 병균에 대한 면역력을 기르는 것처럼, 일부러 놀라게 하고 곧바로 달래 주면서 '세상에는 좋은 일만 있는 건 아니구나. 하지만 잘 참으면 극복할 수 있어!'라는 인식을 심어줄 수 있다는 것이지요.

너무나 어릴 때는 마음 근육이 약해서 운동을 시키는 일이 무리가 되지만, 어느 정도 자란 뒤에도 혹시 다칠까 봐 운동을 시키지 않는 일도 역시 무리라는 것입니다. 실제로 시골에 가면 이런 뜻에서 일부러 아이들을 여러 번 놀래키는 교육법이 이어져 오고 있습니다. '그게 뭐야? 역시 아시아인들은 미개해'라고 여길지 모르는 서구의 불편러들에게는 한 실험에 대해 들려주고 싶습니다. 바로 하버드대학교 교수로 아동심리학을 연구하는 에드워드 트로닉의 '무표정 실험'이지요.

트로닉은 아기에게 엄마가 일부러 무표정한 반응을 보이도록 하고, 이를 견디지 못해 울음을 터뜨리는 아기를 달래 주는 실험을 통해 아기의 정신적 성장을 확인했다고 주장합니다. 그에 따르면 '관계를 편안한 것으로만 인식시키면 아주 친밀한 사람들 하고만 관계맺으려 하는 사회적 부적응자로 만들 수 있다. 심하지 않은 관계의 위기와 극복의 경험은 건전한 인격 형성에 중요하다'라고 합니다.

영상에서 보는 아기 울리기가 언제나 바람직하며 권장할 행동이라고는 할 수 없습니다. 그러나 언제나, 어떤 경우에나 비난받을 행동이라고도 하기 어렵습니다. 특히 이런 행동을 비판하는 목소리들이 단지 '내 생각에는 이런 행동은 조심해야 한다' 정도에 그치지 않고 맹목적인 비난과 비하, 심지어 인종차별적 내용까지 담고 있는 점은 문제가 있겠지요.

여기서 영국의 정치철학자 이사야 벌린(Isaiah Berlin)의 이야기에 귀를 기울일 필요가 있습니다. 그는 유대인이면서 파시즘과 스탈린 사회주의의 광풍을 보고 들으며 오직 하나의 생각으로 모든 것을 설명하려는 태도에 몸서리를 쳤고 '이론적 다원주의'와 '문화다원주의'의 토대를 세웠습니다. 그는 '여우와 고슴도치' 비유를 말합니다. "고슴도치는 하나밖에 모르지만, 여우는 두루 알고 있다" 고대 그리스의 시인인 아르

킬로코스가 처음 사용한 이 말에서 벌린은 다원적 생각의 중요성을 끌어냈지요.

그는 고슴도치의 일원론도 여러 종류가 있다고 합니다. 실증주의 고슴도치는 과학만능론에 빠져서 사람의 마음이든 윤리 도덕이든 과학으로 해결하려는 사람입니다. 보편주의 고슴도치는 시대와 지역에 따라 생각이 다르고 문화가 다를 수 있음을 인정하지 않고, 한 가지 잣대로 뭐든지 평가하려는 사람이지요. 그리고 합리주의 고슴도치와 독단주의 고슴도치는 마치 북한의 유일사상처럼 하나의 이념이나 가설로 모든 것을 설명하려고 한답니다.

벌린은 이런 이들은 자신만이 옳다고 굳게 믿으므로 대화와 타협이 불가능하며, 심지어 나치의 인종청소 같은 무시무시한 일까지 벌일 수 있다고 경고합니다. 그래서 "다양한 관점과 다양한 지식체계를 갖고, 자신과 다른 생각과 문화를 이해하려 하는 여우가 되자"라고 말합니다.

아이들은 우리의 희망입니다. 한편 약하고 상처받기 쉬운 존재입니다. 따라서 어른들의 심심풀이를 위해 어린 마음에 상처를 줄 행동을 해서는 안 되겠습니다. 하지만 아이들은 미래의 더 큰 고난과 상처에 대비해 몸과 함께 마음도 튼튼하게 키워야 합니다. 그런 점에서 어떻게 아이를 키우는 게 정답일까요? 우리는 아마도 하나의 정답만 고집하지 말아야 할 것입니다. 생각의 다원주의, 문화의 다원주의를 생각하면서, 우리 아이도 여우의 지혜를 가진 사람으로 성장할 수 있도록 조심조심 키워 나가야 하겠습니다.

살면서 한 번쯤은 꼭 만나야 할 철학자들 3

제러미 벤담 1748 ~ 1832

영국의 철학자이자 공리주의 이론의 창시자이다. 최대 다수의
최대 행복을 도덕적 기준으로 삼았다. 법률, 정치, 사회 개혁에
관심을 두었으며, 실용적이고 개혁적인 아이디어를 제시했다.
벤담의 사상은 현대 법률과 정치 철학에 지대한 영향을 미쳤
으며, 그의 공리주의 원칙은 여전히 중요한 도덕적 기준으로
사용되고 있다.

피터 싱어 1946 ~

실천 윤리학 분야에서 중요한 기여를 한 호주의 윤리학자이
다. 동물 해방과 효율적인 자선 활동을 옹호하며, 최대 다수의
최대 행복을 윤리적 행동의 기준으로 삼는다. 싱어의 사상은
동물 권리와 세계 빈곤 문제에 대한 인식을 크게 변화시켰다.

주희 1130 ~ 1200

송나라의 유학자로, 주자학을 체계화했다. 유교 경전을 새롭
게 해석하고, 이(理)와 기(氣)의 원리를 통해 독창적인 철학 체
계를 구축했다. 주희의 사상은 이후 조선의 성리학 발전과 중
국 및 일본의 학문적 전통 형성에 깊은 영향을 미쳤으며, 동아
시아 전역에서 교육과 정치 이념의 기초가 되었다.

이토록 다정한 개인주의자

슬라보예 지젝 1949 ~

슬로베니아 출신의 철학자이자 문화 평론가로, 현대 철학과
비판 이론 분야에서 활동하고 있다. 라캉의 정신분석학, 헤겔
철학, 마르크스주의를 결합한 독착정인 사상을 구축하였다.
대중문화와 정치, 이데올로기에 대한 독창적이고 날카로운 분
석으로도 유명하다.

발터 벤야민 1892 ~ 1940

 독일의 철학자, 문예 비평가, 문화 이론가. 20세기 초반, 마르
크스주의와 유대교 신비주의를 결합한 독특한 철학적 관점을
제시해 유럽 사상계를 뒤흔들었다. 벤야민의 사상은 현대 문
화 비평과 철학 연구에 중요한 기초를 제공했으며, 미학 이론
에서도 중요한 위치를 차지하고 있다.

이사야 벌린 1909 ~ 1997

20세기를 대표하는 위대한 자유주의 사상가이자, 철학자, 정
치이론가이다. 자유라는 개념을 적극적 자유와 소극적 자유로
나누어 자유라는 개념의 논의에 막대한 영향을 미쳤다. 인간
을 여우형과 고슴도치형으로 구분하여 분석한 수필 《고슴도
치와 여우》는 철학, 역사, 사상, 그리고 경제학의 핵심을 아우
르는 고전으로 평가받고 있다.

4장

함께하기 위해 필요한 최소한의 태도

사회 구조를 변화시키는 도덕

왜 투표권은 모두가
한 표씩 가져야 하는 걸까?

로버트 달, 자치의 원칙

우리나라 헌법 제24조에는 이런 내용이 있습니다. '제24조 모든 국민은 법률이 정하는 바에 의하여 선거권을 가진다'. 원칙적으로 간접민주정치를 채택하고 있기에, 국민은 자신을 대표할 공무원을 직접 뽑을 수 있는 것입니다. 그런데 선거 철마다 표17과 같은 이야기를 심심찮게 듣고 볼 수 있습니다.

사람들은 이런 질문들을 '이런 사람들과 같은 한 표라니!'라는 밈으로 사용하곤 합니다. 인터넷 커뮤니티 등에서 '세상에 이런 바보들 좀 보소' 하는 의미를 담은 말로써, 뭔가 어이없는 이야기를 하는 사람들을 조롱할 때 종종 쓰는 밈입니다. 그러나 사실 그 배경에는 심각한 정

[표17] '이런 사람들과 같은 한 표라니!'의 예시

이런 사람들이랑 같은 한 표라고?

👤 사전투표하면 오늘 투표 못하는 거였음? 사전투표가 사전조사 같은 건 줄 알았어

👤 대통령 번호는 유명인 순이야…? 왜 늘 유력후보가 1, 2, 3번을 하는 거야?

👤 18대 대통령 다음이 왜 20대 총선이야?

👤 나 투표하고 나왔는데 손에 인증샷 도장 자기가 찍는 거였어??

👤 온라인으로도 투표할 수 있어? 집이 멀어서 투표 못하는데 온라인 되면 하려구 ㅠ

치적, 철학적 문제가 숨어 있습니다.

선거를 비롯한 투표는 나라의 방향을 정하는 중요한 일입니다. 그런데 정치를 전혀 알지 못하고, 알 생각도 없고, 심지어 기본 상식마저 크게 부족해 보이는 사람들이 그렇지 않은 사람들과 똑같은 참정권을 갖습니다. 여기서 '무언가 불합리하지 않나'라는 의문이 들 수 있습니다.

사실 참정권을 아무에게나 주어서는 안 된다는 생각은 아주 오래전부터 이어져 온 발상입니다. 민주주의의 기원이라는 고대 아테네에서는 노예와 여성에게 참정권을 주지 않았음은 물론, 자유인이더라도 미성년자나 일정 연령을 넘긴 노인에게는 참정권을 주지 않았습니다. 그것은 '정치를 하려면 일정한 지적 능력과 경험이 있어야 한다'라는 신념에 따라 정당화되었지요(사진1). 노예와 여성은 (당시에는)지적 능력

[사진1] 미국의 제32대 대통령 루스벨트와 제46대 대통령 바이든◆

이 떨어진다고 여겨졌고, 미성년자는 경험이 부족하며, 노인은 지능이 쇠퇴했으므로 정치를 맡길 수 없다고 보았던 것입니다.

프랑스혁명, 미국독립혁명 등으로 근대 민주주의가 이루어진 뒤에도 오랫동안 보통선거권은 실현되지 않았지요. 18세기의 철학자 에드먼드 버크는 "의회는 나라를 이끄는 지극히 중대한 일을 맡으므로 가문, 경력, 인성, 재능 등에서 최고의 사람들로 채워져야 한다"라고 했습니다. 마찬가지로 선거권과 피선거권을 엄격히 제한하는 것이 마땅하다고 보았지요. 반면 19세기의 존 스튜어트 밀은 이런 생각에 반대하고 여성에게도 참정권을 줘야 한다는 당시로서는 파격적인 주장을 했

◆ 루스벨트는 소아장애를 앓았지만 현재까지도 미국 역사상 최고의 대통령으로 평가받고 있다. 반면, 81세(2024년 기준)인 바이든은 나이와 관련한 문제로 제47대 미국 대통령 선거 후보에서 사퇴했다. 이처럼 나이, 신체적 장애, 성별 등이 중요한 직책을 맡는 데 문제가 된다는 의견과 아니라는 의견은 민주정치에서는 오랜 시간 되풀이되어 왔다.

습니다. 그러나 그조차도 개인의 능력 차이를 참정권에 반영해야 한다고 여겼습니다. 즉, 유능한 사람이 그렇지 않은 사람보다 더 많은 표를 행사할 수 있다고 보았지요.

보통선거권은 각국에서 빠르면 19세기 말, 늦으면 20세기 말에 가서야 부여되었는데 여기에서도 꼼수를 쓰는 경우가 있었습니다. 미국은 수십 년 동안 "선거 포스터라도 읽을 줄 알아야 제대로 투표할 것 아니냐? 따라서 최소한의 읽기 테스트를 통과한 사람만 투표할 수 있다"라는 입장을 취했습니다. 이때 테스트는 영어로 치러졌기에 인구의 상당 부분을 차지하는 히스패닉계는 테스트를 통과하지 못하는 경우가 많았습니다. 또한, 생활이 어려워 학교를 다니지 못해 읽고 쓰는 걸 못하는 사람 가운데는 흑인이 많았지요. 이러한 테스트가 폐지된 것은 1960년대에 마틴 루터 킹 등이 이끈 흑인 민권 운동 덕분이었습니다.

노인들은 투표를 하지 못하도록 막아야 할까?

오늘날에도 '이런 사람들과 같은 한 표라니!'라는 의문은 꾸준히 제기됩니다. 특히 노인층의 참정권을 제한하는 것이 맞다는 이야기가 많습니다.

2014년에 한 115세 할머니의 투표가 화제가 되었습니다. 지금까지 웬만한 투표는 거의 참가했다는 할머니는 지팡이를 짚고 스스로 걸어서 투표장에 올 정도로 자신의 권리를 행사하기 위해 적극적으로 행동하였습니다. 하지만 이 기사의 댓글에서는 응원과 반대의 의견이 서로

[표18] 115세 할머니의 투표 기사에 달린 댓글

댓글	▼
나이 제한 위로도 할 필요가 있습니다	
고등학생에게도 투표권을 줘야 한다. 그들은 115세 연로하신 분보다 훨씬 더 나은 판단력을 가지고 있다	
할머니, 그냥 쉬세요. 제발	

맞서기도 했습니다. 그런데 반대의 의견이 좀 더 큰 호응을 얻었던 듯합니다. 표18과 같은 의견들이 대표적이었다고 보이네요.

노인 비하라고밖에 할 수 없는 격한 표현이 난무합니다. 그 밑에는 노인들은 일반적으로 사고력이 저하되고, 과거의 고정관념에 사로잡혀 판단하는 경향이 있기 때문에 선거처럼 중요한 집단 의사결정에 참여시키는 것이 부당하다는 논리가 깔려 있습니다. 댓글러들만이 아니라 현직 정치인들도 이따금 여기에 동조합니다. 2017년에는 모 국회의원이 "대통령, 국회의원 등 선출직 공직자에 65세 정년을 도입하자"라고 주장했고, 다시 2023년에는 일찍이 법학전문대학원 교수를 지낸 다른 국회의원이 "노인 선거권 제한은 타당한 주장"이라고 발언했습니다.

우리나라만이 아닙니다. 2016년 영국이 국민투표에 따라 유럽연합에서 탈퇴하는 브렉시트가 일어나자, 영국 전체가 벌집 쑤신듯 하는 가운데 일부 주요 언론과 시민들 사이에서 "노인들의 투표권을 박탈해야 한다!"라는 주장이 터져 나왔습니다. 투표 결과를 분석해 보니 청년층은 탈퇴 반대가 압도적이었던 반면 노년층은 찬성에 몰표를 던졌다는 이유에서였지요. 분노한 영국인들은 "왜 살 날이 얼마 안 남은 사람들의 표가 앞으로 많은 세월을 보내야 할 사람들의 표와 똑같이 취급되는가!"라며 공정하지 못하다고 외쳤습니다.

정리해 보자면 노인에게서 참정권을 빼앗아야 한다는 주장의 논지는 두 가지입니다. 첫째는 노인은 지적 능력이 쇠퇴한 상태로 일반 성인보다 위태로운 선택을 하기 쉬우니 아동청소년의 참정권을 제한하는 것과 마찬가지로 노인의 참정권도 제한해야 한다는 것이지요. 둘째는 노인은 평균적으로 살아갈 날이 적으니 보다 살아갈 날이 많은 사람들과 똑같은 참정권을 부여하는 것은 불공평하다는 것입니다.

둘 다 일리가 있습니다. 가령 어느 작은 회사에서 갑자기 중대한 결정을 해야 할 일이 생겨 임원들을 비상소집했다고 합시다. A안대로 할 것이냐, B안대로 할 것이냐를 놓고 결정해야 하는데 총원 일곱 명 중 네 명이 A안, 세 명이 B안을 지지하여 4:3으로 A안이 앞섰습니다. 그런데 급히 소집하다 보니 A안을 지지한 임원 가운데 두 명은 인사불성이 되도록 취해 있었다면 어떨까요? 실질적으로 2:3이니 B안으로 정하는 게 맞다는 말이 나와도 이상하지 않습니다.

또한, 어느 대학교에서 등록금 인상을 놓고 학교 당국과 학생들이 대립한 끝에 학생들의 투표를 받아 인상 여부를 결정하기로 했다고 합시다. 그런데 4학년생은 이제 곧 졸업이므로 등록금이 인상되든 말든 별 상관이 없습니다. 따라서 '학생 투표권자에서 4학년생은 제외하자'라는 말이 나올 법합니다. 그러면 우리는 보다 공정해지기 위해 과거

이토록 다정한 개인주의자

미국에서 하던 식으로 '정치능력평가시험'이라도 봐야 할까요? 일정한 지적 능력이 있는 사람만 투표권 내지 참정권을 가질 수 있도록 말이 지요. 아니면 노인층의 참정권만이라도 빼앗아야 하는 걸까요?

누가 나를 대신해 결정해 줄 수 있을까?

다시 생각해 봅시다. 우리는 민주주의 국가에서 살고 있습니다. 민주주의란 국민 하나하나가 나라의 주인인 주권자이며, 그런 점에서 개인과 개인 사이는 완전히 평등하다는 이념 위에 서 있는 정치체제이지요. 미국의 정치학자 로버트 달(Robert Alan Dahl)은 이를 두 가지 핵심 원칙으로 정리했습니다.

- 자치(anatomy)의 원칙
- 원초적 평등(intrinsic equality)의 원칙

자치의 원칙은 '나보다 나를 잘 아는 사람은 없다'라는 생각에서 비롯됩니다. 세상에는 나보다 똑똑한 사람, 학벌이나 소득 등에서 앞서는 사람, 인기나 영향력이 큰 사람들이 있습니다. 하지만 그들이 나보다 나를 더 잘 알지는 못합니다. 다시 말해 내가 무엇을 꿈꾸고, 무엇을 필요로 하며, 무엇에 가치를 두고, 무엇을 얻으려 애쓰는지 나보다 더 잘 알지는 못한다는 이야기지요. 따라서 나의 일은 나 스스로가 결정해야 마땅하다는 것입니다.

여기에는 나를 사랑하고 아끼는 사람도 예외가 아닙니다. 부모나 배우자, 연인, 친구들은 내가 잘되기를 바라고 나를 위해 기꺼이 헌신하려고도 할 사람들일 것입니다. 그럼에도 내가 갈 길은 스스로 정해야 하는 것입니다. 바로 그 때문에 우리는 정치적으로 자신이 맞다 여기는 결정을 내릴 권리, 참정권을 누구에게도 양보할 수가 없습니다.

그러나 살아가면서 모든 결정을 내 뜻대로 하는 것은 아닙니다. 아프면 의사 선생님 말씀대로 약을 먹거나 수술을 하지요. 분명 내 건강 문제입니다만, 의사는 나보다 내 건강에 대해 비교할 수 없을 정도로 잘 아는 사람이라 그를 믿고 결정권을 주는 것입니다. 이처럼 능력에 있어서 비교 불가의 차이가 나는 사람이 있다면 그에게 나의 문제도 해결해 달라고 맡기는 게 합리적입니다. 마찬가지로 법률 문제는 변호사, 세금 문제는 세무사의 도움을 받아 그 지시에 따르는 게 맞습니다.

그러나 정치적 결정에 대한 능력이라면 어떨까요? 여기서 '원초적 평등'의 원칙이 나옵니다. '우리 개인은 서로 다르다. 나이, 성, 지역, 소득, 학력, 종교 등으로 다를 뿐 아니라 이런저런 능력에서도 더 잘하는 것과 못하는 것이 각각 다르다. 그렇지만 정치적 결정에 대한 능력이라면 기본적인 이성을 갖춘 사람인 이상 모두 동등하다고 생각하자'가 바로 원초적 평등의 원칙입니다. 종합하면 우리는 정치적 판단에서 스스로 내린 판단을 가장 신뢰하며, 나 대신 더 잘 판단해 줄 사람을 인정할 수도 없기에 1인 1표의 평등한 참정권을 스스로에게, 그리고 모든 개인에게 요구하는 것입니다. 이것이 현대 민주주의의 기본입니다.

"노인은 지적 능력이 쇠퇴한 나머지 자신에게 불리한 결정도 내릴 수 있지 않을까? 더 명석한 사람들이 그들을 대신해 결정하는 게 오히려 그들에게 유익하다"라고 반론할 수 있습니다. 그러나 과연 노인이 되어 본 적 없는 사람이 노인 문제를 이해할 수 있을까요? 노인이 보통 무엇을 바라고 무엇을 중시하고 무엇을 아쉽게 여기는지를? 정책결정자가 100퍼센트 남성일 때 참으로 여성의 입장을 헤아리는 정책이 만들어질 수 있을지, 평생 한 번도 가난해 본 적이 없는 사람들만 정치인이 된다면 과연 진정으로 가난한 사람들에게 도움이 되는 법과 제도가 마련될지 생각해 보면 알 수 있습니다.

또한, 노인이라고 해서 지능을 마냥 얕잡아보는 것은 오만입니다. 공교롭게도 역사적으로 훌륭한 업적을 이룬 지도자들의 다수는 노인에 속하는 사람들이지요. 만약 평균적으로 2030의 지적 능력이 6070보다 높은 편이라고 해도, 이런 식으로 생각하면 공직후보자의 지능검사를 해서 최상위권만 공직을 맡도록 하는 일, 심지어 이른바 명문대 출신에게만 선거권과 피선거권을 주는 일도 정당화될 것입니다.

무엇보다 우리는 우리를 대표하는 공직자들이 되도록 뛰어난 지능과 지식의 소유자이기를 바라지만, 인성도 뛰어나고 살면서 이뤄 낸 업적도 많은 사람이었으면 합니다. 나이가 들어서 건망증이 있고 계산이 빠르지 못하지만 정말 국민과 나라를 사랑하는 마음을 가진 사람, 긴 인생을 살아오며 실패도 많이 했지만 그 이상의 성공을 많이 거두고 널리 존경받는 인물, 그런 사람이야말로 우리가 기대하는 정치지도

자가 아니겠습니까.

불완전하지만 신뢰해야 할 민주주의

그러므로 우리는 "늙으면 죽어야 한다더라"라며 우리 동등한 주권자 국민의 일부를 무시하지 않아야 할 것이며, 나아가 비슷한 또래들 사이에서도 "쟤네 같은 멍청이들과 같은 한 표라니!" 하며 한탄 섞인 조롱을 하지 말아야 하겠습니다. 우리는 각자 장단점이 있고, 참정권을 빼앗아야만 할 만큼 단점이 장점을 압도하는 사람은 그리 흔치 않으니까요.

북유럽에는 '어린이 의회', '청소년 총선' 등이 있습니다. 참정권이 유보되는 어린 나이지만 시민이고, 아동과 청소년 스스로가 가장 잘 알 문제들(특히 아동 청소년 정책 문제)도 있다고 보는 것이지요. 그러므로 어린이들이 의회를 만들어 법안을 표결하도록 하고, 청소년들이 공식 총선에 앞서 자신들끼리 선거해 보고 결과를 발표하게 합니다. 그리고 그 결과를 되도록 실제 법안, 실제 선거에서 반영되도록 노력합니다.

이처럼 모두에게 참여할 기회를 주는 민주주의, 그 누구도 무식하다거나, 능력이 뒤진다거나, 어딘가 이상해 보인다거나 해서 따돌리지 않는 민주주의가 아마도 '나쁘지만(모든 점에서 철저히 합리적이지는 않지만) 그래도 나쁜 가운데 최선의 정치체제'(고대에 아리스토텔레스가, 현대에 처칠이 한 말입니다)라 할 수 있을 것입니다.

이토록 다정한 개인주의자

식당에서 음식을 남기는 것이
왜 문제가 될까?

한스 요나스, 책임의 원칙

인터넷의 한 커뮤니티에서 표19와 같은 게시글이 화제가 되면서 뉴스까지 탔습니다. 뉴스를 넘어 유튜브에서까지 소개된 그 내용의 전말은 이렇습니다. 식구끼리 초밥으로 외식할 때 일어난 일입니다. 글쓴이는 초밥에서 생선 살만 골라내 먹는 습관을 갖고 있었습니다. 같이 간 아이들에게도 그렇게 먹으라고 했는데 그걸 본 배우자가 "교육상 안 좋을 것 같다"라고 합니다. 그러나 자신은 왜 그런지 이해가 가지 않는다는 겁니다.

글쓴이는 생선회는 좋아하지만 초절임이 된 밥은 별로이고 밥까지 먹으면 다이어트 등에 부담스럽기 때문에 그런 식습관을 들였다고 합

회전초밥 먹을 때 회만 먹는 거 어떻게 생각해?

회전초밥집 가서 애들한테 배부르면 회만 걷어 먹어도 된다고 했거든. 근데 옆에서 남편이 그건 좋은 거 가르치는 게 아닌 것 같다고 바람직해 보이지 않는다고 하네. 남편이 그럴 거면 횟집을 가지 그러냐는데 횟집에선 이렇게 여러 종류의 회를 한두 점씩 원하는 순서로 다양하게 못 먹잖아. 참고로 무한리필 회전초밥집 아니고 그릇당 내가 내 돈 내고 먹는 가게였어.

댓글 ▼

저런 부모들과 그 영향을 받은 아이들이 사회나 학교에서 마구잡이로 진상짓하는 거잖아. 대표적인 게 노키즈존 확산, 교권 침해 같은 거다

접시당 계산하는 곳이면 이해 못 할 건 아니지 않나? 나도 밥 너무 많이 주는 곳은 극혐임. 억지로 먹어야 한다고 강요하는 것도 웃기는 거지

그릇당 계산이면 회만 골라서 먹든 밥만 골라서 먹든 뭔 상관임?

개념 좀 가지고 다닙시다!

내 돈으로 내가 먹고 싶은 대로 먹는 거까지 뭐라 할 필요는 없지 않나. 제가 이해를 잘못한 건지

니다. "그러면 횟집에 가지 왜 초밥집에 왔느냐"라는 배우자의 말에 "횟집에서는 좋아하는 생선을 조금씩 골라 먹을 수가 없지 않느냐"라고 반박했습니다. 사실 횟집보다 가성비 있게 먹을 수도 있겠지요.

◆
유튜브 'KNN NEWS'
("회만 골라먹으면 안돼?" 회전 초밥집 신종 빌런)

커뮤니티 원글 댓글에서 뉴스 유튜브 댓글까지, 반응은 대체로 6:4
로 나뉘었습니다. '저게 뭐냐, 빌런이다'가 6, '괜찮은데 왜?'가 4였습니
다. 괜찮다는 반응 가운데는 '내돈내산('내 돈으로 산 내 물건'의 줄임말. 협
찬이나 홍보가 아닌 자신의 자산으로 소비하는 행위를 뜻함)인데 뭐가 어떠냐'
도 있었지만, 대체로 '한 군데서 각자 음식을 가져가는 곳에 생선 살 없
는 밥이 지저분하게 남게 되는 무한리필 초밥집이라면 잘못된 행동이
다. 그러나 개인 그릇별로 먹고 먹은 만큼 계산하는 곳이니 문제될 거
없다'라는 이야기가 많았습니다. 글쓴이를 타박한 댓글러들이 무한
리필집에서 벌어진 일이라고 착각했을 수도 있다고 보면 찬반 비율이
5:5로 갈리는 주제였을지도 모르겠네요.

내돈내산을 주장하는 사람들은 "밥을 꼭 남김없이 다 먹어야 할 의
무가 어디 있느냐"라고 합니다. 정식을 시켰을 때 딸려 나오는 반찬 중
먹고 싶지 않은 반찬이 있거나, 알레르기가 올라오는 반찬이 있을 때
도 꾸역꾸역 먹어야 하냐는 것이지요. 또한, 밥을 시킬 때는 다 먹을 수
있다고 생각했지만, 생각보다 양이 많고 이미 배가 너무 부를 때도 이
악물고 남김없이 먹어야 하냐고 묻습니다.

만약 "다 안 먹었으니 음식값 깎아 주세요"라고 우기거나, 남들도 집
어 가는 음식대에 음식의 잔해를 남겨 다른 사람의 입맛을 떨어지게
만들었다면 빌런이라고 볼 수밖에 없습니다. 하지만 자기가 구매한 물
건을 사용하지 않고 방치하는 것이 그 누구에게도 해가 되지 않듯, 값
을 치른 음식을 덜 먹는 것은 개인의 자유 아닐까요?

'밥상머리 교육'이라는 것이 일반적이던 때는 "농사짓는 분들의 노고에 감사하는 마음으로, 밥 한 톨도 남겨서는 안 돼!"라고 아이를 타이르는 일이 있었습니다. 지금도 사찰에서는 다 먹은 밥그릇에 물을 부어 입가심하는 등 그릇에 묻은 밥알의 흔적도 남김없이 먹는 식사 공양 방식을 씁니다. 귀한 양식을 조금도 남기지 않으려는 뜻이지요. 하지만 지금 그러한 교육이나 방식을 누구나 따라야 할 규범이라고 주장한다면 반응이 좋지 않을 것입니다.

그런데 '누구에게도 해가 되지 않는다'라는 주장은 틀린 주장이라 지적받기도 합니다. 초밥을 다 먹지 않고 남김으로써 음식물 쓰레기를 늘렸고, 따라서 가게에 그 처리 비용 부담을 지웠다는 것이지요.

사실 먹다 남긴 잔반을 처리하는 일은 꽤 골칫거리입니다. 학교 급식의 잔반 처리 비용을 보면 2023년 서울 초중고에서 2만 5천 톤의 잔반이 발생했고, 이를 처리하는 데 약 49억이 들었다고 합니다. 어떤 공공기관에서는 구내식당에서 남은 반찬을 외부 판매용으로 내놓아서 처리 비용을 줄이는 방법을 쓴다고도 하지요.

하지만 그것은 아무도 집어가지 않은 채 남아 버린 반찬의 경우이고, 생선 살이 벗겨진 밥덩어리 같은 것은 "누가 젓가락을 대었던 것인데 불결하다!", "그것만 무슨 맛으로 먹느냐!"라는 반응일 터, 천상 쓰레기가 될 수밖에 없습니다. 그래서 '음식을 남길 경우 환경부담금 ○○○원을 부과합니다'와 같이 음식을 남길 경우에 비용을 따로 받겠다고 써붙여 놓은 식당도 종종 볼 수 있지요.

　　　　　　　　　　　　　　　이토록 다정한 개인주의자

이런 글을 붙여 놓았다고 해서 손님의 먹은 자리를 일일이 검사하고 조금이라도 남았으면 추가금을 요구하는 식당은 찾아보기 어렵습니다. 밥알 하나 남김없이 먹기란 애초에 무리인데, 남겼다고 할 때 어느 정도가 남긴 것인지 기준을 세우기 어렵지요.

또 바쁜 중에 남긴 그릇을 일일이 살피는 작업을 추가하기도 힘들고, 그럴 경우 "거의 다 먹었구만 이걸 갖고 남겼다고 그러냐?", "나 단골인데 이리 야박하게 구냐?" 등등 항의하는 손님과 시비가 붙고, 식당 분위기와 이미지가 나빠지는 부담도 있습니다. 따라서 저런 경고문은 그저 손님이 알아서 음식 남기기를 자제해 주기를 바라는 용도로 보는 게 좋겠지요.

또, 생각해 보면 문제의 '초밥의 생선 살만 골라 먹기'로 남는 잔반이 식당에 큰 부담을 줄 정도는 아닐 겁니다. 많은 사람이 하나같이 그렇게 먹으면 이야기가 다르겠지만요. 따라서 종합해 보면, 초밥의 일부를 일부러 남기는 식습관이 업소에 유의미한 피해를 주므로 무위해성의 원칙에 따라 삼가야만 할 행동이라고까지 보기는 어려울지 모릅니다.

보복하지 않는 타자에 대한 배려

'남에게 피해를 (별로)주지 않으니, 하고픈 대로 하라'라고 하고 마치기에는 생각해 볼 문제가 하나 더 있습니다. 바로 환경에 대한 영향입니다.

독일의 생태주의 철학자 한스 요나스는 《책임의 원칙(Das Prinzip

Verantwortung)》이라는 책에서 현대의 생태 위기는 밀의 무위해성의 원칙이나 칸트의 정언명령 같은 근대의 대표적인 자유주의 윤리학으로 극복할 수 없다고 엄중히 경고합니다. 이런 윤리는 사람과 사람 사이에서 해를 끼치지 않을 것만 고려하는데, 개인이 해를 끼쳐도 표가 나지 않고, 해를 끼친대도 바로 반발과 보복이 오지 않는 자연환경에 대해서는 이런 윤리가 무력하다는 것입니다. 그래서 그는 자연에 대해서도 사람을 대하듯 배려하고, 자신이 입힌 피해를 책임져야 한다고 말합니다.

내가 누구를 때리면 나도 얻어맞을 것을 각오해야 합니다. 상대가 힘 없는 어린아이라 해도 그 때문에 배상을 하고 처벌을 받음으로써 책임을 져야 합니다. 그러나 내가 음식쓰레기를 함부로 버리거나 합성세제를 마구 써서 설거지를 한대도, 땅이 음식쓰레기를 되뱉어내거나 수돗물에서 악취가 풍기는 일은 없습니다.

지침대로 애를 써서 분리수거를 해봤자 실제로 재활용이 되는 쓰레기는 얼마 안 된다는 사실을 알면, 맥이 풀려서 그냥저냥 대충 살자는 생각이 듭니다. 그러나 그래서는 안 됩니다. 개인적인 보복이 없어도 인류적인 보복이 있을 것이고, 개인의 행동이 주는 영향은 미미해도 물방울이 모여 쓰나미가 될 것이기 때문입니다. 그리고 설령 그런 보복이 없더라도, 우리는 모든 것을 마음대로 해서는 안 될지 모릅니다.

오늘날의 생태주의를 이끈 요나스의 책임윤리는 책임의 범위를 넓힐 것을, 무심하고 말 없어 보이지만 나 때문에 자연이 신음하고 있음을 직시하라고 요구합니다. 그것은 바쁜 가운데 별 생각 없이 편한 대로 살아가는 우리의 일상을 반성하고 재구성할 필요성을 일깨웁니다. '침묵하는 존재'에도 마음을 쓸 것을요.

수천 년 전 만들어진 최초의 불경 《숫타니파타》에도 비슷한 가르침이 나옵니다. "어머니가 목숨 바쳐 자식을 돌보듯, 살아 있는 모든 것들에 대해서 한없는 자비심을 가져야 하느니라" 여기서 주의할 것은 어머니가 자식을 돌볼 책임은 어머니가 자식을 낳았고 자신이 태어나게 한 대상에 책임을 져야 하기 때문이 아닙니다. 일반적 윤리학에서의 상호주의, 즉 '내가 네게 잘 대해야 너도 나를 잘 대하겠지'처럼 더불어 살아가는 사람끼리의 호혜성을 염두에 둔 책임도 아닙니다.

어머니가 자식을 돌보지 않으면 자식은 어찌 될까요? 고통스러워하다 죽겠지요. 그 애처로운 생명을 살아가게 할 수 있는 존재는 어머니입니다. 그렇기 때문에 책임을 져야 한다는 거지요. 마찬가지로 석가모니는 사람에게 세상의 모든 생명, 아무리 미미하거나 추한 생명이라도 무한한 자비심을 갖고 돌봐야 할 책임이 있다고 말합니다. 그런 생명은 너무 약해서 사람이 외면하거나 학대하면 죽어버리기 때문입니다.

요나스의 생태 윤리나 불교의 자비 윤리는 스스로의 욕망에만 사로잡혀 있는 우리의 눈과 귀를 열 것을, 내가 함부로 대해도 내게 항의하지도 보복하지도 않는 대상에 마음을 쓸 것을 알려 줍니다.

그래서 '내가 값을 치른 음식을 어떻게 먹든 내 자유'라는 생각에는 더 깊은 생각이 필요합니다. 더욱이 자식을 돌보며 자식이 잘되기를 바라는 어머니라면 자식에게 "너도 나처럼 요령 있게 먹어 봐"라고 가르치는 일, 그래서 자식의 사고 회로에 '내게 바로 보복하지 않는 대상에 대한 연민'이 자라나지 못하게 막는 일은 삼가야 하지 않을까요.

노키즈존은
정당한 권리 행사일까?

소피아 모로, 기본값으로서의 자유

　요즘 노키즈존(No Kids Zone)에 대한 찬반 논란이 날이 갈수록 뜨거워지고 있습니다. 이런 와중 한 커뮤니티에는 '길거리 분식점도 노키즈존'이라는 글이 올라와 5만 건 이상의 조회수를 기록하며 뜨거운 감자가 되었습니다(표20).

　한 부모가 5세 아이와 길거리 분식점에서 음식을 사먹으려는데 직원이 노키즈존이기에 포장만 가능하다고 안내했다고 합니다. 그래서 포장을 해 가겠다고 하자, 이번에는 뜨거운 국물도 직접 떠야하고 이 때문에 혹시 다치거나 하더라도 가게에서 배상은 하지 못한다는 말부터 했다고 합니다. 글쓴이는 이 때문에 자기가 진상 짓을 한 것도 아닌

[표20] '길거리 분식점도 노키즈존' 게시글

길거리 분식집도 노키즈존… 속상해요 ㅠ

5살 아이와 길거리 분식집에서 어묵 먹으려는데, 어묵 고르는 순간 직원분이 나오셔서 노키즈존이라 서서 먹고 가는 게 안 되고 포장만 된다네요. 알겠다고 하고 종이컵에 담아가겠다니까 국물은 직접 떠야하고 혹시 국물 흘려서 다쳐도 가게에서 배상 못해준다고 하네요. 그냥 안 먹겠다고 하고 나왔는데 너무 서럽고 눈물이 나네요. 노키즈존인 것도 몰랐고, 먹고 간다고 우긴 것도 아닌데 제가 진상이 된 기분이에요.ㅠ 나라에서 노키즈존 어느 정도 제지해줬으면 좋겠어요.

데 진상이 된 기분이며, 나라에서 노키즈존을 어느 정도는 제지해 줬으면 좋겠다는 말로 끝을 맺었습니다.

노키즈존. '일정 연령 이하의 어린아이 출입을 거절하는 식당 등 업소'를 가리키지요. 이유는 '아이들이 뛰어다니거나 소리지르거나 물건을 깨트리거나 해서 다른 손님들에 민폐가 되고, 아이가 잘못해서 다치면 업주가 배상을 하는 경우가 있기 때문'으로 정리될 것 같습니다.

젖먹이 같은 경우에는 주로 민폐가 된다는 점이, 열 살 미만의 어린이의 경우에는 민폐 문제와 배상 문제가 모두 해당되겠네요. 여기에 그런 아이들을 제대로 통제하지 않는 부모, 심지어 성인 위주의 서비스를 제공하는 곳에서 아이를 위한 서비스를 해 달라고 우기는 부모가 '진상' 고객으로 지탄의 대상이 되는 듯합니다.

그래서 위의 경우에는 '분위기 망치는' 문제와는 별 관련 없는 듯한

[표21] '길거리 분식점도 노키즈존' 댓글 반응

댓글 ▼
그냥 포장해 가서 먹으면 되지 뭘 울어요. 그리고 나라에서 노키즈존 제지하라는 건 말도 안 되는 듯
기분 나쁘면 안 가면 그만! 먹고 싶으면 포장하면 될 일! 뭘 노키즈존을 나라에서 관리한답니까?
국물은 직접 떠야 하고 혹시 다쳐도 배상은 못해준다는 말에서 왜 이렇게 하는지 이유가 나오네요
그동안 보호자의 방임과 방치로 사고가 나도 업주가 억울하게 책임지거나 배상하는 일이 많아서 그런 것 같아요. 전국적으로 애 양육하는 보호자들이 국민청원이라도 해 주세요. 자영업장에서 사고가 났을 경우 명백한 업주의 책임이 아니라면 업주측에 어떤 책임이나 배상의 의무가 없게 법 개정해 달라고요. 또 보호자가 방임 방치한 책임과 손해를 배상하겠다고요. 그럼 지금보다 노키즈존 덜할 거예요

분식점에서 서서 먹는 것도 곤란하다는 반응에 속이 상했는데, 댓글들도 대단히 공격적이었습니다. '그런 것 따위를 나라에서 해 달라니!'라는 반응부터 시작하여 '서럽고 울 일도 많다, 먹고 싶으면 포장하면 될게 아니냐', '공감하다가도 나라에서 노키즈존 관리하라는 말에 진상이구나 싶다', '글쓴이 같은 사람들 때문에 노키즈존이 더 생기는 것 같다' 등의 의견이 지배적이었습니다(표21).

하지만 댓글의 반응과는 다르게 사실 노키즈존에 대해 제한하려는 공권력의 움직임이 많습니다. 이에 대해 자세히 설명한 기사*도 있었

◆
연합뉴스
([팩트체크] '노OO존'은 합법?)

습니다. 노키즈존의 시작부터 관련 법규 소개와 변호사의 인터뷰를 통해 법해석과 적용에 대해 조언을 구한 내용까지 실었지요.

이 기사에 따르면, 노키즈존은 부산의 한 음식점에서 뜨거운 물을 들고 가던 종업원과 10세 아동이 부딪혀 아동이 화상을 입은 사고를 두고 음식점에 배상 명령이 내려진 일로부터 확산되기 시작했습니다. 실제로 노키즈존을 운영하는 한 가게 사장은 가게 내의 인테리어 때문에 아이들이 자꾸 다치는 일이 생기면서 노키즈존으로 영업하기 시작했다고도 밝혔습니다.

노키즈존을 찬성하는 사람들은 헌법 제119조 1항 '대한민국의 경제질서는 개인과 기업의 경제상의 자유와 창의를 존중함을 기본으로 한다'와 헌법 제15조 '모든 국민은 직업선택의 자유를 가진다'를 예로 들어 노키즈존을 옹호합니다. 이 법규들에는 대한민국의 경제질서는 개인과 기업의 경제상의 자유와 창의를 존중함을 기본으로 하고, 영업주의 직업 수행, 영업의 자유 등이 규정되어 있습니다. 한 교수는 "영업의 자유가 침해될 경우 영업주는 피해를 보지만, 아이는 다른 곳을 이용함으로써 행복추구권 침해를 최소화할 수 있다"라고 주장하기도 했습니다.

다만 이를 두고 한 변호사는 "노키즈존이 헌법상 직업의 자유의 보호 영역에 해당하지 않는다"라는 의견을 밝히기도 했습니다. 단순히 아동의 안전 문제를 이유로 아동을 차별하고 배제할 권리는 인정될 수 없다는 의견입니다. 같은 법을 두고도 이처럼 다양한 해석이 나올 수 있습니다. 다만 시민들 사이에서는 '노OO존'에 대한 거부감이 점점 커지고 있는 상황이기는 합니다.

아이들의 인권과 어른들의 불편함 사이

헌법상 보장된 행복추구권과 차별받지 않을 권리는 영업주의 영업의 자유보다 중대하게 보장될 필요가 있다는 취지로, 국가인권위에서 노키즈존에 대해 차별행위로 규정하고, 서울과 제주도 등 일부 지자체 수준에서 노키즈존을 억제하려 하고 있기도 합니다. 정치인 가운데서도 이런 목소리가 나오고 있습니다. 두 살배기 아이를 키우는 어머니인 한 국회의원은 아이를 데리고 갈 식당 찾는 게 어려울뿐더러 공공도서관을 비롯한 여러 공공시설에서도 초등학생 이하의 아동을 출입 금지시키고 있다며, 이를 명백한 차별이자 인권 유린이라고 주장했습니다. 그리고 국회부터 '예스키즈존(그림11)'으로 바꾸는 법안을 제출했습니다. 또 다른 당에서는 '노키즈존 금지법'을 제22대 총선 공약에 넣기도 했습니다.

사실 아이들이 출입할 수 있는 장소가 제한된다면 아이들이 불편할뿐더러, 언제나 아이를 데리고 다닐 수밖에 없는 부모의 불편 또한 크지 않을 수 없습니다. 가뜩이나 아이 키우는 일이 힘겨운 마당에 마음 놓고 밥 먹을 곳마저 찾기 힘들다면 절로 한숨이 나오겠지요. 세계 최악의 출생률을 보이는 나라에서, 한편으로는 대중교통에 임산부 배려석을 설치하고 많은 예산을 들여 출생률을 끌어올리려 애쓰면서도 이

[그림11] 노키즈존과 예스키즈존의 모습

렇게 노키즈존이 확산되는 일은 모순이라는 지적도 있습니다.

프랑스의 유력 일간지 《르몽드》가 저출생에 시달리는 한국에서 노키즈존이 확산된다며 황당하다는 투의 기사를 실었고, 유엔 아동권리위원회에서 한국의 노키즈존이 아동 인권 무시, 아동 차별이라며 경고를 보내기도 했습니다.

그렇지만 이런 '노키즈존' 반대 목소리에 대해 온라인에서의 호응은 그리 높지 않아 보입니다. 예스키즈존 식당을 운영하는 사장님들도 가게 내에서 안전사고가 걱정된다고 입을 모으기도 하고, 실제로 다쳐서 미리 가입해 둔 보험으로 사고를 처리하기도 했다는 경험담을 들기도 했습니다.

이런 사연들에 대해 네티즌들은 대체로 사장님들의 사정에 공감하는 모양새입니다. 코로나19 사태 이래 계속되는 자영업자들의 고민, '맘충'이라 알려진 일부 부모들의 도를 넘는 갑질, 자유분방한 아이들의 행동에 스스로 짜증이 났던 경험… 등등이 어우러지면서 그런 반응

이토록 다정한 개인주의자

이 주류가 된 듯합니다.

노키즈존에서 노시니어존, 미래에는 노40대존?

한편, '내 업소에 들어올 손님을 내가 가려 받을 자유가 있다'는 생각이 힘을 얻다 보니, 노키즈존만이 아니라 다른 식으로도 출입금지 표지판이 붙는 경우가 늘어나고 있습니다. 대표적으로 '노시니어존'을 들수 있는데, '49세 이상은 출입금지'라고 써붙인 식당이 화제가 되기도하고, 한 프랜차이즈 카페에서는 매장 이용 시간이 길어 젊은 고객들이 오지 않는다고 쓴 메모를 고객에게 건네기도 해 많은 논란이 일었지요.

업주 입장에서는 소란을 피워 분위기를 해치고 간혹 안전사고를 일으켜 '쌩돈' 날리게 하는 아이들이나, 젊은이들이 많이 오기를 바라는데 물 흐리는 노인들이나, 몇 시간씩 자리 차지함으로써 테이블 회전이 안 되게 만드는 '카공족'이나 모두 부담스러운 손님들인거지요. 그래서 다종다양한 '노○○존'을 만들고들 있습니다. 심지어 '노교수존'도있는데, 아마 대학 근처의 식당이나 카페에 교수가 들어오면 주 고객인 학생들이 들어오기 꺼릴까봐 그러는가 싶네요.

자유지상주의에서 보면 이런 조치들이 문제가 되지 않을 겁니다. 업주가 자기 영업장 출입 방침을 세우는 것은 자유이고, 해당 영업장출입이 안 되면 다른 곳으로 가면 그만이니 출입 거절당한 손님에게딱히 유해하지도 않다는 거지요. 그리고 가령 우리가 고품격 레스토랑에서 비싼 값에 식사를 하는 까닭에는 그런 곳의 분위기가 큰데, 마구 뛰어다니고 소리지르는 아이나 자기 개인 방송하느라 큰 소리를 내고 여기저기 찍으며 돌아다니는 유튜버 등이 그런 분위기를 망치면 그야말로 유해하지 않은가 싶으니까요.

그런데 바로 그런 논리로 역사상 유명한 인종차별이 버젓이 행해지던 때가 있었습니다. 1876년 만들어져 1965년까지 미국 남부에서 통용된 '짐 크로 법'은 모든 공공시설에서 백인과 흑인을 분리하고, 각 인종은 각자 전용 식당, 학교, 화장실, 대중교통 등을 이용하도록 했지요. 남북전쟁으로 흑인 노예는 해방되었지만 남부의 백인들은 '깜둥이들'과 같은 시민으로 어울려 산다는 게 죽기보다 싫었고, 그에 따라 '백인들이 있는 곳에 흑인은 들어오지 마!'를 아예 법제화했던 것입니다. 흑인 전용 공공시설은 숫자도 적고 열악하기 짝이 없었기에, 이는 당연히 미국 남부 흑인들의 삶의 질을 떨어트렸습니다. 그리고 더 중요한 점은 "너는 여기 들어올 수 없어. 더러우니까. 우리는 너를 싫어하니까"라는 메시지를 순간순간 흑인들에게 심어 줌으로써, 그들에게 말로 할 수 없는 울분과 고통을 강요했다는 점입니다. 결국 여러 사람들의 영웅적인 투쟁과 끊임없는 문제 제기 끝에, 약 백 년 만에 미국에서 흑백분리는 사라지게 됩니다.

노키즈존과 그밖의 출입금지 조치를 인종차별과 같은 결로 봐서는 안 된다는 주장도 나올 법합니다. 노키즈존을 정한 업주가 아이들을 혐오한다고 말할 수는 없고 짐 크로 법의 흑백분리는 흑인이 뭔가 피해를 줘서가 아니라 그냥 흑인이기 때문에 출입금지한 것이지만, 노키즈존 등은 그들이 업주와 다른 손님들에게 입힐 수 있는 피해 때문에 만든 것이니까요.

이익은 차별을 정당화할 수 없다

장애인의 경우는 어떨까요? 시각장애인이든 청각장애인이든, 다리가 불편하든 팔이 불편하든, 장애를 가진 손님은 아무래도 업주 내지 다른 손님들에게 신경 쓰이는 존재입니다. 지적 장애가 있는 경우에는 다른 손님에게 피해를 입힐 가능성도 있습니다. 그러므로 웬만한 공공시설을 '노장애인존'으로 만들어도 되는 걸까요?

캐나다의 법학자 소피아 모로(Sophie Moreau)는 '기본값으로서의 자유'라는 개념을 적용해서 노키즈존의 정당성을 비판합니다. 모로는 "자유는 '합당한 이유가 없는 한, 자신의 선호에 따라 선택할 수 있는 것이고 한 사회에 존재하는 모든 시설은 원칙적으로 모든 개인의 선택에 똑같이 열려 있어야 하며, 그것이 그 사회의 구성원 모두에게 주어진 자유의 기본값"이라고 합니다. 가령 우리나라에 지금 영업 중인 고깃집은 약 10만 개에 이른다고 하는데요. 그렇다면 우리나라 국민은 10만 개의 고깃집에 갈 수 있는 자유를 기본값으로 갖습니다. 물론 개개인이 고깃집을 선택할 때마다 10만 개를 모두 놓고 고르지는 않겠지요. 집으로부터의 거리, 가격대, 음식의 맛, 서비스의 친절도 등등을 두루 따질 테니까요. 아무튼 그런 개인의 선호에 상관없이, 10만 개 고깃집 가운데 한 군데라도 합당한 이유 없이 '당신에 한해서는 출입 금지'라고 하는 곳이 있다면 그 개인은 남보다 적은 자유를 누리는 것이며, 따라서 차별받는 것입니다.

여기서 합당한 이유가 있느냐가 문제겠지요? 소피아 모로는 노키즈존을 주장하는 업주의 입장에서 "아이가 올 경우 분위기가 안 좋아지고, 그것이 매출 감소로 이어지기 때문"이라는 주장은 합당하지 않다고 합니다. 특정 개인이 더 많은 이익을 올릴 권리는 특정 개인이 손상당하는 기본값으로서의 자유보다 중대하지 않기 때문이지요. 더 많은 이익을 얻으려고 종업원에게 말도 안 되는 저임금을 강요하는 일이 용납되지 못하는 이유와 같습니다.

그러나 그 매출 감소가 워낙 심각해서 폐업할 지경인 경우라면, 사안별로 자세히 따져서 경중을 참작해야 한다고 합니다. 가령 명상수도원처럼 절대적으로 조용한 분위기를 유지해야만 영업이 가능한 곳에 철모르는 아이를 출입시키는 일은 곤란할 수 있겠지요.

그러나 "아이들 자체를 혐오하여 아이가 눈에 띄기만 하면 발길을 돌리는 손님이 많다"라고 하면, 그 경우에는 설령 폐업 위기가 있다고 해도 노키즈존을 정당화할 수 없다고 합니다. 그것은 사회적 혐오, 차별에 기대 수익을 올리는 것이기 때문에, 그런 사업은 마치 노예를 판매하거나 흑인을 차별하는 업자를 보호할 필요가 없듯 보호받을 가치가 없다는 것이지요.

"폐업할 정도는 아닐지도 모른다. 하지만 아이들·노인들·카공족들·

장애인들 등등 때문에 업주가 손해를 보는 건 사실 아니냐. 그 손해를 누가 보상해 주느냐?"라고 말한다면, "영업주는 손해를 끼칠 것 같은 손님을 거부할 권리가 있다. 단, 개별적으로!"라고 대답하고 싶습니다. 굳이 아이다 노인이다 하는 일반 유형을 대지 않아도, 나이와 성별을 떠나 이른바 '진상 손님'은 있습니다. 그런 손님이 어쩌다 들어와서 분위기를 흐리고, 도에 넘는 서비스를 강요하고, 다른 손님에게 폐를 끼친다면 "죄송하지만 손님, 나가 주십시오"라고 당당히 말할 수 있는 거지요. 아이가 극단적으로 소란을 피우고 부모가 통제하지 않거나 못하는 경우라면 마찬가지로 해도 됩니다. 그러나 아이의, 노인의, 장애인 등등의 출입을 원천봉쇄하는 일은 차별입니다.

짐 크로 법의 경우처럼, 어떤 유형의 사람들을 묻지도 따지지도 않고 거부하는 일은 거부당한 사람에게 심각한 상처를 입힙니다. '내가 대체 뭘 했다고? 나는 결코 다른 사람에게 폐를 끼치지 않을 텐데…' 하며 슬픔과 분노를 곱씹게 되지요. "아이 가진 부모인게 죄인가요?", "늙은 것도 서러운데", "내가 장애인으로 태어나고 싶어서 태어난 게 아니거든요?" 하는 원망과 절망의 목소리를 생각해 보십시오. 어쩌다 보이는, 도저히 참을 수 없을 만큼 폐를 끼치는 진상을 하나하나 상대하고 내쫓기 번거로우니 아예 원천봉쇄를 해 버리자는 업주의 편의가 그런 원망과 절망보다 우선시되어야 할까요?

특정 유형의 사람들을 차별하고 괴롭히는 일은 사이버상에서도 빈번합니다. 자신의 평소 생각과 다른 주장에 부딪칠 수 있습니다. 그러나 그런 주장을 한다고 '맘충', '틀딱', '진상', '뇌가 없네', '양심이 빨았네' 등등의 표현을 쏘아대며 집단적으로 공격하는 일은 짐 크로 법처럼 우리 사회에 무서운 금을 긋는 일이며, 저마다 누려야 할 기본값으로서의 자유를 부정하고 무시하는 일일 것입니다.

놀이공원 패스트트랙 정책은 과연 공정할까?

아마르티아 센, 공적 추론과 역량

롤러코스터, 바이킹, 디스코팡팡, 대관람차, 회전목마… 어린이들에서부터 청소년들, 연인들, 일반 성인들의 가슴까지 뛰게 하는 놀이기구들이지요. 이런 놀이기구들을 모아 놓고, 동물원이나 기타 시설들도 연계해 가족이나 연인의 멋진 시간 보내기를 제공하는 곳이 놀이공원입니다.

놀이공원은 인기가 많은 만큼, 특히 공휴일에는 인파가 넘칩니다. 매표소에는 줄이 길게 늘어서고요. 이 기다리는 시간이 참 지루하고 짜증나는데, 돈을 더 내면 기다리지 않고 바로 입장할 수 있게 해 주는 상품이 있답니다. 외국에서는 디즈니랜드 등에서 일찍부터 나왔고, 국

[그림12] 놀이공원 패스트트랙 문제를 다룬 뉴스 장면(그림으로 묘사)

내에도 얼마 전 도입되었지요. '패스트트랙(fast track)'으로 불리는데, 이에 대한 논란이 제법 있습니다(그림12).

물론 법에는 저촉되지 않는 패스트트랙 티켓이 윤리적으로는 뭔가 아닌 것 같다는 주장에 "뭐가 문제인 거냐?"라는 반응도 상당합니다. 이 문제를 놓고 대체로 비윤리적이라고 짚은 방송 유튜브에는 표22와 같이 거의 대부분 '자본주의 시장경제 사회에서는 당연한 일이다!'는 댓글이 달렸네요.

그들은 '가령 같은 비행기를 타도 1등석이냐, 비즈니스석이냐, 이코노미석이냐에 따라 다르지 않느냐라고 말하는데, 여기에는 또 반박이 나옵니다.

'비행기에서는 좌석 등급에 따라 다른 서비스가 제공된다. 기내식의 수준, 개인 공간의 크기, 제공되는 일회용품의 질과 양 등이 전혀 다르

이토록 다정한 개인주의자

[표22] 패스트트랙 티켓에 대한 댓글

댓글 ▼
이런 논리면 넓은 비즈니스 좌석 땜에 일반 좌석을 못 만들잖아요 ㅋㅋㅋ 비즈니스 20석 밀어버리면 일반좌석 50개 넘게 나올 텐데… 그냥 북한 가세요
자본주의 사회에서 돈으로 시간을 산다는 개념을 배우는 게 아이한테 안 좋은 거라고? 대체 왜 일반티켓 산 게 정상적이라는 거지? 간절하면 줄을 서든가 돈을 벌든가
이게 애초에 왜 논란이지… 놀이동산 운영하는 기업이 자선사업가도 아니고
매직패스가 일반티켓보다 훨씬 비싼데 뭐 이런 거로 새치기래?
자본주의 시장 원리에 따르면 문제가 될 게 없죠. 자본주의가 좋은 시스템이냐는 별개의 문제고요

다. 하지만 놀이공원의 경우 똑같은 상품을 소비한다. 다만 빨리 들어갈 수 있는 것으로 돈을 더 내는 것인데, 가령 내가 한 시간 동안 땡볕에 땀 흘리며 기다리고 있는데 어슬렁어슬렁 나타난 사람이 버젓이 나를 지나쳐 들어간다. 새치기의 합법화 아니냐?'

'아니, 똑같은 상품이라고 할 수도 없다. 놀이공원 이용시간은 정해져 있는데 패스트트랙 손님들이 입장한 다음에 들어가야 하는 일반 티켓 구매객들은 그만큼 여유를 가질 수 없다. 더구나 먼저 들어가는 사람들에 대한 짜증이 복받치므로 심리적 피해마저 있다. 흥겹고 여유로운 시간을 보내기 위한 상품이 놀이공원임을 생각하면 매우 형편없는 상품을 내미는 셈이다!'

패스트트랙은 수익 극대화를 위한 합리적 방법일 뿐이다?

이 문제를 어떻게 풀어야 할까요? 먼저 상품을 제공하는 놀이공원 쪽에서 생각해 봅시다. 그러면 '아무리 봐도 별 문제가 없다'라는 답이 나오기 쉽습니다. 패스트트랙을 일종의 '가격 차별화'로, 판매자가 수익 극대화를 위해 사용할 수 있는 방법의 하나로 볼 수 있기 때문입니다.

휴대폰이든, 라면이든, 놀이공원 입장권이든 뭔가를 고객에게 판매하는 쪽에서는 두 가지 방식으로 이익을 늘릴 수 있습니다. 상품의 개당 가격을 올리는 방식과, 반대로 낮추는 방식이지요. 상품 가격을 올리면 판매 건당 수익은 오르지만, 수요 공급 법칙에 따라 판매량은 줄어듭니다. 반대로 가격을 내리면 판매량이 늘어서 수익이 오를 수 있지만 건당 수익률이 떨어지지요.

이때 판매자는 가격 차별화를 고려하게 됩니다. 가령 놀이공원 입장권이 1만 원이라고 할 때 5천 원으로 내리면 더 많은 고객들이 오겠지요. 하지만 2만 원으로 올려도 고객이 없지는 않을 것입니다. 그래서 '줄을 서지 않고 빨리 입장할 수 있다'라는 장점을 추가한 특별 상품을 2만 원에, 전에 비해 가격이 낮아진 일반 상품을 5천 원에 판매합니다. 그러면 모객을 최대화하면서 가격 인하에 따른 손해도 보지 않게 되는 거지요.

영화관에 보통 조조할인제가 있어서 사람이 많이 오지 않는 아침 시간에는 똑같은 영화표를 더 낮은 가격에 파는 것도, 항공사가 좌석에 등급을 매기는 것도 모두 가격 차별화입니다. "영화 상영 시간대는 고객들이 서로 겹치지 않고, 항공석은 등급별로 다른 서비스를 제공하지 않느냐'라고 할 수 있지만, 아무튼 '빠른 입장'도 부가 서비스로 볼 수 있습니다. 인권에 대해 더 민감하다는(한편 자본주의도 더 일찍 발달한) 미국과 유럽에서는 패스트트랙과 같은 가격 차별화를 먼저 시작했고 더 활발히 적용합니다. 가령 공항에서도 패스트트랙을 적용해 웃돈을 주고 항공권을 사면 빨리 입장하고 퇴장할 수 있게 해 줍니다.

또 유럽을 다니다 보면 식당 바깥의 길거리에서 아무렇게나 앉아서, 또는 그냥 서서 음식을 먹는 사람들을 볼 수 있습니다. 식당에서 좌석을 포기하기로 한 손님에게 대신 싼 값에 음식을 먹을 수 있게 했기 때문이지요. 이때는 상품의 본질을 그대로 두고 부가 서비스의 차이에 따라 가격을 차별화했다고 할 수 있습니다. 이로써 판매자는 물론 소비자도 '이제까지의 상품을 더 싸게 이용할 수 있다'와 '좀 더 가치 있는 상품을 이용할 수 있다'라는 효용을 충족시킬 수 있게 되므로 공리주의적으로 전혀 문제가 될 게 없는 경우라고 하겠지요.

하지만 주의할 점이 있습니다. 패스트트랙을 만들며 줄 서서 기다려야 하는 일반 티켓은 가격을 내렸느냐, 아니면 일반 티켓은 전과 같고 더 비싼 패스트트랙 티켓만 생겼느냐겠지요. 두 번째의 경우라면 이것은 가격 차별화라기보다 사실상의 가격 인상이라고 할 수 있습니다. '좀 더 가치 있는 상품을 이용할 수 있다'라는 판단에서 패스트트랙 티켓을 구입한 사람들은 그렇다처도, 전과 같이(또는 그 이상) 오래 기다려야 하고 빨리 들어가는 사람들을 보며 열패감까지 느끼게 되는 일반 티켓 구매자들은 전보다 효용이 낮아졌으니 공리주의적으로 당연히 옳다고 보기 어렵게 되지요. 하지만 그래도 자유지상주의적 관점에는 아무 문제가 없습니다. 또한 만약 판매자의 입장이 '패스트트랙으로 추가 수입을 얻지 못하면 전체 티켓값을 일정하게 올릴 수밖에 없다'라는 것이라면 결국 일반 티켓 구매자들에게 주어지는 효용도 없다고는 할 수 없습니다.

뭐든지 돈으로 살 수 있는 세상은 안 된다!

이번에는 놀이공원이 아니라, 이용객들의 입장에서 이 문제를 살펴봅시다(표23).

패스트트랙에 문제가 있다고 보는 의견은 대체로 '기분 좋게 즐기러 왔는데 기분이 나빠졌다', '왜 저 사람들은 먼저 들어가냐고 묻는 아이의 말에 대답하기 어려웠다', '물질만능주의를 조장하는 듯하다' 등입니다. 합리적인 계산보다는 감정이 들어간 경우가 많군요.

그래서 이를 반박하며 패스트트랙을 옹호하는 쪽에서도 '감정에 치우치지 마라'라고 하는 경향입니다만, 무엇이 옳은가에 대한 문제에서 감정을 무시하면 곤란합니다. 이런 경우를 생각해 봅시다.

'나'는 오랜만에 놀이공원에서 즐거운 시간을 보내려고 친구와 함께 왔습니다. 예상대로 매표소 앞에 늘어선 줄이 길군요. 한 시간 정도 기다린 끝에, 마침내 다음이 우리 차례입니다. 그런데 갑자기 어떤 사람이 나타나더니 "당신의 순서를 내게 양보하지 않겠어요?"라고 묻습니

이토록 다정한 개인주의자

[표23] 놀이공원 이용객의 시선에서 쓴 댓글

댓글 ▼

저걸 보고 사람들 시야가 좁고 극단적인 것을 한 번 더 느꼈습니다. 생명과 관련된 일이면 돈 써서 추월하는 행위는 잘못된 거지만 그냥 놀이공원 비즈니스 중 하나의 서비스잖아요. 돈이면 다 된다는 풍조가 만연한다 걱정하는데, 공정함이 유지되어야 하는 분야를 지켜내는 것이 자본주의 사회에서 정부의 역할이고요. 어린이의 시야에서만 보면 불공평한 게 맞아요. 그런데 놀이공원 비즈니스 전체로 시야를 넓히면, 일반 줄 선 분들도 개선된 수익 구조로 인한 할인 프로모션에서 이용권을 싸게 구매할 수 있거든요. 자본주의에서 아이를 키우는 부모라면 저런 질문에 단순히 불공평하다고 가르칠 것이 아니라, 돈으로 공정함이 파괴되어서는 안 되는 분야도 있는 것을 가르쳐야 할 것입니다.

    ∟ 맞는 말씀입니다. 하지만 패스를 못 사줘서 너는 줄을 서야한다는 사실을 아이에게 어떻게 설명할까요? 이해를 할 수나 있을까요? 시간은 모두에게 평등해야 합니다.

이 문제에 대해 추가로 고려해야 할 포인트는 놀이공원이 영리법인이라는 것입니다. 다들 패스트트랙을 없애냐 마냐 문제에만 집중하지만, 이걸 없애서 발생할 추가적 요금까지 같이 고려해야 하지 않을까 합니다. 운영을 위해서는 일정한 수익이 필요하고, 만약 패스트트랙이 없다면 일반 입장 요금이 1~2만 원 정도 상승할 수도 있을 겁니다. 오히려 몇 배나 더 비싼 돈을 내는 사람이 있어서 상대적으로 낮은 비용으로 서비스 이용하는 사람도 있다는 걸 생각해야 하지 않을까요?

    ∟ '비싸게 냈기 때문에 다른 사람이 낮은 비용으로 서비스를 이용할 수 있다'라는 생각은 동의하지 않습니다. 업주가 다 챙기겠죠. 추가 수익 창출로 보여집니다.

다. 이제껏 얼마나 힘들게 기다렸는데 무슨 소리냐 하는가 했더니 "물론 공짜로 달라는 건 아닙니다. 티켓 값의 두 배를 드리겠어요. … 그래도 아니라고요? 그러면 세 배를 내지요"라고 제안을 합니다.

이럴 때 여러분이라면 어떻게 대답하겠습니까? 주머니 사정이 그다지 좋지 않은 학생이라 좋다고 할지도 모르지요. 처음부터 다시 줄을 서야 하니 힘들지만, 한 시간쯤 서서 기다리는 걸로 놀이공원 입장료 두 배의 돈을 벌 수 있다면 '개꿀'이다 싶기도 할 겁니다. 바로 뒤에도 사람은 있으니 내가 망설이다 보면 뒷사람이 "저기요. 저한테 그 돈 주시면 안 되요?"라고 할 수 있다는 생각이 들지도 모르겠습니다.

하지만 어느 정도 여유가 있는 사람이라면 "뭐야? 내가 여기 즐기려 왔지 푼돈 벌려고 온 알아?" 하며 불쾌하게 여길지 모릅니다. 본인은 저 돈을 받고 좀 더 기다릴까 망설여지지만, 옆에 함께한 사람의 눈치가 보일지도 모르지요. 결국 어떤 경제적인 이유로 돈을 받고 티켓을 '양보'하게 된다면, 그것은 자존심에 상처로 남을 수 있습니다.

약 120년 전, 1899년에 노르웨이계 미국 경제학자 소스타인 베블런은 《유한계급론》이라는 책에서 '과시적 소비'라는 개념을 정립했습니다. 사람은 어떤 상품의 실제 효용만이 아니라 자신의 능력, 지위 등을 과시하기 위해서도 상품을 소비한다는 것이지요. 그는 이로써 '개인은 언제나 (화폐로 환산되는)효용의 극대화를 꾀한다'라는 공리주의와 고전 경제학의 대전제가 어긋날 수 있음을 입증했습니다. '돈보다도 가오'일 수 있다는 이 견해는 사실 그보다 수천 년 전, 아리스토텔레스가 《정치학》에서 이미 제시한 견해이기도 합니다. "사람들 사이의 차이는 분열을 가져오는 경향이 있다. 사람은 재력의 차이보다 명예의 차이 때문에 더욱 분개한다."

그런데 이렇게 돈 많은 사람이 돈이 아쉬운 사람에게서 시간을 사들여 기다리지 않고 놀이공원에 입장하는 것을 보더라도, 줄 서 있는 사람들은 별로 불쾌해하지는 않을 것입니다. 아무튼 본인들에게는 아무런 피해가 없고, 개인 대 개인의 자유로운 거래라고 볼 테니까요. 아이가 "저기 저 사람은 왜 줄 안 서고 바로 들어가?" 하고 물어봐도 세상엔 여러 사람이 있기 마련이라고 대답해 주면 되겠지요.

그런데 놀이동산 차원에서 줄 서는 순서를 무시하고 더 많은 돈을 내는 사람을 우선 입장시킨다면? 불쾌감이 차오를 수밖에 없습니다. 아이의 물음에도 "저 사람들은 우리보다 더 많은 돈을 내서 그래"라고 대답해야 하고, "그럼 우리도 돈을 더 내면 되잖아? 우리 집에는 돈이 그렇게 없어?"라고 묻는 말에는 뭐라고 대답해야 할지 모르겠지요. 자식의 앞에서 '남들보다 돈이 없다'라고 인정해야 할 때의 치욕, 분노… 무슨 말이 필요할까요.

패스트트랙을 바라보는 그런 분노의 시선은 철학자에게도 있습니다. 옛날의 철학자도 아니지요. 오늘날 세계적으로 유명한 미국 정치 철학자, 마이클 샌델은 《돈으로는 살 수 없는 것》이라는 책에서 패스트트랙을 신랄하게 비판합니다.

"줄 서서 기다리는 일은 언제나 힘들고 따분한 일이다. 때때로 우리는 돈을 내고 줄서기에서 해방된다. 오래전 고급 레스토랑에서는 담당자에게 돈을 쥐어 주면 대기 순서를 단축해 주었다. 그것은 사실상의 뇌물로, 상류사회의 은근한 생활 요령으로 여겨졌다. 그러나 이제는 이런 요령이 은근함을 벗어던지고, 생활 속에 파고들고 있다. (…) 놀이공원들도 줄서기 탈출 장사에 나섰다. 이제까지 방문객들은 인기 있는 시설이나 기구를 이용하려고 몇 시간을 기다려야 했다. 그러나 헐리우드 유니버설 스튜디오나 다른 여러 테마파크에서는 '기다리지 마세요, 돈을 더 내세요'라고 한다. 그들은 두 배 정도의 입장권을 사는 사람을 줄의 맨 앞으로 안내한다. (…) 줄서기보다 시장이 먼저라는 공리주의적 주장은 더 중대한 반대에 부딪쳐야 한다. 효용만이 중요한 게 아니기 때문이다. 어떤 물건은 그 가격 이상의 것을 판매자와 구매자에게 갖고 있다. 어떤 물건이 어떻게 배분되느냐는 그 물건의 성격에 따라 달라진다. (…) 대학은 보통 성적과 장래성을 따져서 신입생을 받는다. 더 많은 등록금을 내겠다고 손을 든 사람을 뽑지 말아야 한다. 병원 응급실은 상태가 얼마나 심각한지에 따라 환자들을 차례대로 진료한다. 경증인데도 단지 먼저 왔다고, 또는 돈을 더 내겠다고 하는 사람부터 치료하지 말아야 한다. 배심원은 무작위로 뽑힌다. 누군가 다른 사람을 대신 가도록 고용해서는 안 된다."

샌델은 놀이공원 패스트트랙만이 아니라 공항의 빠른 수속 서비스, 병원의 예약(표24)이나 중요한 행사의 입장권 예매를 돈을 받고 대행해 주는 일 등등을 모두 '시장 논리가 줄서기의 윤리를 침략한 사례'로 봅니다. 그리고 그런 것들이 별것 아닌듯해도, 사회 곳곳의 관행과 행동 방식을 '그 무엇이든 돈으로 해결할 수 있는 식'으로 바꿔 나가고 있다면서, 그것은 결국 사회를 가진 자와 못 가진 자로 분열시키며 공동체를 파괴하게 될 것이라고 합니다.

이토록 다정한 개인주의자

[표24] 모 병원 대리 접수 가격표

○○신경내과 대리 접수

□□ 원장님

진료 시간	기존 비용	할인 적용
09:30~10:30	110,000원	**90,000원**
10:30~11:30	100,000원	**80,000원**
15:00~16:00	90,000원	**70,000원**

△△ 부원장님

09:30~11:30	당일 진행	50,000원
15:00~16:00	예약 진행	40,000원

정리하면, 놀이공원 패스트트랙은 놀이공원의 입장에서 보면 합리적이고 자유롭게 도입할 수 있는 사업 방침의 하나입니다. 한편, 놀이공원을 이용하려는 개개인의 입장에서는 많은 불만과 거부감을 불러일으킬 수 있는 조치입니다. 그리고 사회 전체적인 차원에서 공리주의적으로 보자면 효용 최적화를 달성할 수 있는 좋은 대안이고, 공동체주의적으로 보자면 사회적 연대를 파괴하고 세상을 온통 돈으로만 보게 만드는 부적절한 정책입니다.

입장이 다르다면 모여서 토론을 하라

여기서 어쨌든 결론을 짓기 위해, 아마르티아 센의 철학을 가져오면 어떨까 싶습니다. 앞서 '아이를 위해 비행기 좌석을 바꾸는 것이 옳을까?'에서 등장했던 센은 오직 효율과 가성비만 따질 것 같은 경제학에서 대가가 된 한편, 철학과 윤리학, 정치학적인 통찰을 보여 준 보기 드문 사람입니다. 그 성과를 기려 아시아인 최초의 노벨 경제학상을 받기도 했습니다. 그는 '완벽한 제도를 만들어내는 게 최선'이라는 입장의 존 롤스의 정의론을 비판하면서 《정의의 아이디어》를 썼지요. 거기서 그는 인간은 완벽하게 합리적인 규칙에도 이끌리지만 근본적으로 그런 규칙을 넘어서는 실존적 삶, 즉 감정과 선입관, 문화와 예법 등에도 좌우될 수밖에 없는 삶을 살아가는 존재라면서 서로 다른 원칙을 따르는 사람들끼리 대화와 타협을 통해 합의에 이르는 방법이 중요하다고 했습니다.

이것이 바로 '공적 추론(public reasoning)'입니다. 비행기에서 게임을 하는 일을 자기 기준에서는 시간 낭비라 여김에도 이를 지적하거나 비판하지 않는 태도를 지지했듯, 센은 진보와 보수, 좌와 우, 공리주의자와 공동체주의자 모두 좀 더 나은 정의에 가깝다고 여겨지는 규칙과 체제를 만들기 위해 모두가 열린 자세로 숙의에 참여할 것을 권합니다.

그는 결국 민주주의의 힘을 믿습니다. 복잡하고 다양한 가치관이 혼재하는 세상입니다만, 그런 가운데서도 진정으로 열린 토론을 벌이고 무엇이 더 옳은지에 대해 생각을 모을 수 있다면, 과학기술이나 경제 법칙이 우리 삶을 규율하는 현실을 넘어서 우리 스스로의 삶을 더 바람직하게 만들 수 있다는 것이지요.

패스트트랙에 대한 놀이공원의 입장, 고객의 입장, 사회 전체적인 입장을 모두 모아서 진심으로 토의와 토론을 하다 보면 모두가 '이 정도면 그럴듯해'라 여기는 패스트트랙 관련 룰에 합의할 수 있을 것이고, 그렇게 하는 것이 이처럼 저마다 일리 있는 주장이 치열하게 충돌할 때 필요한 해법이 될 것이라 보는 거지요. 사실 미리부터 패스트트랙을 도입한 서구에서는 패스트트랙 입장객과 일반 입장객의 입구를 달리해 일반 입장객들의 위화감을 최소화하거나, 사회적 약자나 사회적으로 후원할 필요가 있는 사람들(임산부, 아이를 양육하는 젊은 부부 같은)에게 추가 요금 없이 패스트트랙을 제공하는 등의 방안을 사회적 숙의의 영향으로 만들어내기도 했답니다.

아마르티아 센은 한편으로 역량(capability)이라는 개념도 제시했습니다. 롤스의 정의 모델 같은 체제가 개개인에게 적합한 권리를 나눠주더라도, 정작 해당 개인에게 그 권리를 써먹을 역량이 없으면 아무 의미도 없다는 아이디어에서 나온 것이지요. 가령 타임머신을 타고 가서 고려시대, 조선시대의 노비들에게 천부인권과 만민평등론을 역설한다고 해도, 그런 권리를 그 노비들이 이해할 수 없고 이해한들 실행할 힘이 없다면 아무 소용이 없지 않겠어요? 그런 식으로 정의는 완벽한 분배 방식을 고안하는 것으로 그치지 않고 실제로 사람들이 얼마나 분배받는지를 따져야만 한다는 게 센의 역량 접근입니다.

놀이공원 패스트트랙 같은 문제에 뭐라뭐라 구시렁대기는 해도, 사회적으로 한때 이를 논란거리로 삼는 방송 프로그램이 여기저기서 나오기는 해도, 그저 그러다가 말 뿐이라면 어떨까요? 대한민국은 민주공화국이고 모든 권력은 국민으로부터 나옵니다. 하지만 그 국민의 상당수가 '이건 아니다' 싶은 생각을 갖지만, "뭐가 아니냐"고 되묻는 다른 국민들과 진지한 토론의 기회를 갖지 못한다면, 그리하여 그 결과에 따라 뭔가 잘못됐다 싶으면 바꾸거나 고치라고 주장할 가능성을 별로 점칠 수 없다면, 이로 인해 결국 우리네 삶이 민선정치인의 무관심 내지는 동조 속에 대기업과 대자본이 그린 그림에 따라 움직여갈 수밖에 없다면, 과연 우리에게 민주시민의 역량이 있다 할 수 있을까요?

장애인 이웃을 위해
피해를 감수해야 할까?

마사 누스바움, 세계적 스토아주의

한 커뮤니티에 과거의 한 사건을 떠오르게 하는 한 게시물이 올라왔습니다. 2014년 부산에서 한 발달장애인이 아기를 떨어뜨려 죽게 한 사건에 관한 글이었습니다. 이 게시글 댓글에서는 수많은 사람이 주변에 발달장애인이 있었을 때 어떤 일들이 있었는지 이야기하고 있었습니다. 다만 부정적인 내용이 주를 이뤘지요(표25).

2010년대 중반 이후, 우리나라에는 '장애인의 권리'에 대한 관심을 환기하는 몇 가지 계기가 거듭 나타났습니다. 그 첫 번째는 앞에서 언급된 2014년의 '장애인이 유아를 살해한 사건'이고, 두 번째는 2022년 방송된 드라마 〈이상한 변호사 우영우〉입니다. 그 드라마의 주인공이

[표25] 장애인 유아 살해 사건 댓글 반응

댓글 ▼
저러니 엄마들이 기를 쓰고 장애인학교 동네에 안 생기게 막는 거임. 일 터지면 누구 하나 책임지는 사람이 없으니까
발달장애인이건 그냥 장애인이건… 누구나 하루아침에 사고로 장애인 될 수 있다는 걸 꼭 기억해라
지하철에서 여자 몇 명만 탄 거의 텅텅 빈 상태에서 장애 있는 남자애가 소리 지르며 뛰어다녔는데, 다음 역에서 남자들 여럿 타니까 자리 앉아서 조용히 감. 강약약강 쩔어
일반인이 범죄 훨씬 많이 저지르는데 그런 기사는 하루에 수백 건씩 쏟아져도 "헐ㅁㅊ놈이네" 하고 끝인데, 장애인 기사 한 건 뜨면 "이래서 장애인이 문제고 정신적 피해가 극심하고 절대 참고 두고 볼 수가 없음" 이러는 건가???
└ 일반인 범죄는 매일 반복되지 않지만 발달장애인 때문에 생기는 피해는 매일 일어난다는 게 차이점이지. 층간소음이랑 같아. 이웃은 너무 고통스럽지만 가해자 본인들은 그 고통을 모르지
└ 이런 건 확률로 얘기해야지. 지적장애인보다 비장애인 수가 절대적으로 많은데 당연한 거 아니야?
└ 일반인은 처벌받고 죗값이라도 치르지. 이건 살인사건인데 장애인이라는 이유만으로 무죄됨. 맥락 파악이 전혀 안 되면 이런 댓글은 쓰지 말자

자폐증이 있지만 여느 정상인보다 명석하고 선량한 사람으로 묘사됨으로써 2014년 사건이 불러온 장애인 혐오 분위기는 많이 가라앉나 싶었습니다. 하지만 다시 그해 말에 웹툰작가이자 예능인인 어느 유명인이 '자폐증세를 가진 아들을 학대했다'라는 혐의로 특수교사를 고소하는 사건이 벌어집니다. 이 사건의 명확한 사실관계는 아직 밝혀지지 않았지만, '자폐증이 있다고 해서 다른 친구들을 괴롭히는 건 흘려 버

　　　　　　　　　　이토록 다정한 개인주의자

리고, 계속 그 아이를 감싸줘 왔던 교사를 고소하는 건 뭐냐', '이제부터 특수교사들은 녹음기에 녹음기로 대항하고, 괜히 얽혀 피해볼 수 있으니 되도록 장애아동에게 관심을 갖지 말아야 한다'라는 등의 비판이 한때 불거졌습니다. '대체 왜 장애인과 정상인이 함께 수업을 들어야 하느냐'라는 주장이 나오기도 했지요.

그리고 2021년부터 전국장애인차별철폐연대, 약칭 전장연이 장애인의 이동권과 탈시설 사업 예산 등을 보장하라며 지하철 탑승 시위를 벌이면서, 자폐 등 지적 장애인만이 아닌 장애인 전반에 대해서도 무엇이 정의인가라는 문제를 우리 사회에 던지고 있습니다.

장애인도 처벌해야 정의로운 세상이다?

이 게시글과 그에 대한 반응은 장애인을 부담스러워하다 못해 두려워하고, 혐오하는 입장이 상당히 많음을 보여 줍니다. 자폐 청소년의 유아 살해라는 극단적인 사례가 계속해서 환기되고, '그 정도는 아니지만 나도 당했다', '나도 당하는 걸 본 적 있다'라는 경험담들 사이에서 '이렇게 주위에 피해를 주니까 기피 대상인 게 당연하다', '그냥 짐승이라고 생각하고 대하는 게 편하다' 등의 생각들도 꾸준히 올라옵니다.

간혹 이런 경향을 비판하는 글도 보입니다. '누구나 장애인이 될 수 있다', '장애인이 어쩌다 일을 내면 매스컴에서도 집중 보도를 하고 편견이 더 심해진다. 그런데 사실 범죄는 비장애인이 훨씬 많이 저지른다.' 그러나 이런 비판은 무시되거나 곧바로 반박됩니다. '보통 범죄자들은 감옥에 가거나 하며 죗값을 치른다. 그런데 장애인들은 아무 처벌도 받지 않지 않느냐?', '죄를 지어도 무죄이니, 혐오와 기피가 안 생길 수가 없다!' 그런데 냉정하게 생각해 봅시다. 그렇다면 장애인을 처벌하면 합당하고 유익한 일일까요?

처벌에는 크게 세 가지의 이유가 있다고 합니다. 첫 번째는 전시 효과에 따른 범죄의 억제입니다. 죄를 지으면 벌을 받는다는 점을 인식하고, 또 다른 범죄를 저지르려던 사람들이 자제하게 된다는 것이지요. 그런데 심신상실 상태인 중증장애인에게 이런 억제 효과가 있을까요? 전혀 없다고 봐도 될 겁니다. 자신이 뭘 하는지도 모르는 사람이 다른 중증장애인이 처벌받는 것을 보고 어떤 교훈을 얻을 수 있겠습니까?

두 번째는 범죄자의 교화입니다. 처벌을 통해 스스로의 잘못을 반성하고 다시는 범죄를 저지르지 않도록 하는 것이지요. 이 역시 심각한 지적 장애를 앓는 사람에게는 효과가 있을 리 없습니다.

마지막은 범죄에 대한 응징, 일종의 사회 차원의 복수입니다. '눈에는 눈, 이에는 이'처럼, 아득한 고대부터 있었던 범죄자는 반드시 대가를 치러야 한다는 응보적 정의인 거지요. 그런데 생각해 봅시다. 자신이 뭘 하는지도 모르는 사람에게 응보, 복수가 타당할까요? 위에서 든, 유아를 살해한 지적 장애인은 서너 살 정도의 지능에 머물러 있었다고 합니다. 평소에 폭력성을 드러낸 일도 없었고, 오히려 얻어맞고 다녔다고 하지요. 그는 어린아이를 붙잡아서 높은 곳에서 떨어트렸지만, 가해의 의도는 조금도 없고 다만 '물건'을 떨어트리는 일이 재미있게

이토록 다정한 개인주의자

여겼기 때문입니다. 아이를 떨어트리기 직전 사색이 되어 달려오는 애 엄마를 보며 씩 웃었다고 하는데, 이 진술을 들은 사람들은 '악마다!'라고 생각했답니다. 하지만 그의 입장에서는 단지 가벼운 장난을 치면서 지은 웃음일 뿐이었습니다.

물론 폭력성을 드러내는 지적 장애인들도 있습니다. 그러나 그 역시 자신의 행동이 갖는 의미를 제대로 인식하고 하는 것은 아니며, 아기가 성질을 내고 투정을 부리는 것과 비슷합니다. 그런 아기를 엄하게 처벌하는 일이 말이 안 된다면, 평소에는 자기보다 어린(육체적으로) 동생들에게 두들겨 맞기만 하던 소년이 그냥 장난으로 한 일을 처벌하는 일은 말이 될까요?

장애인이란 기본적으로 비장애인보다 어떤 능력이 뒤떨어지는 사람입니다. 지적 장애인을 넘어서 시각 장애인이나 하반신마비 장애인 등등이 비장애인들에게 얼마나 가해를 할 수가 있을까요? 반대로 비교할 수 없는 폭력의 희생자들이 장애인들입니다. 그러나 우리는 우리 자신을 기준으로 우리와 비슷해 보이는 사람을 판단하는 경향이 있는 터라, 천진하게 지은 웃음을 살인마의 웃음으로 읽고, 사실상 유아와 다름 없는 사람에게 죗값을 치러야 한다고 손가락질하는 것입니다.

"모르고 그런 것이라도 피해자는 무슨 죄냐? 그런 짓을 저지를 수 있는 장애인을 그냥 놔 두어서 선의의 피해자를 양산해야 되느냐?"라고 할 수 있습니다. 네. 그냥 놔 두지 않습니다. 아기를 죽게 만든 지적 장애인 소년은 심신상실에 따른 범죄 구성요건 미흡으로 처벌을 받지는 않았습니다만, 치료 감호소에 입원조치되었습니다. 입원이라지만 사실상 투옥이지요. 그리고 최대 21년 동안(사회적으로 큰 파장을 일으킨 탓에, 아마도 그 기간 전에 나오지는 못할 것입니다) 그곳에 갇혀 있어야 하는데, 자폐아는 보통 30세를 넘기기 힘들 만큼 일찍 죽는 것을 감안하면 그는 죽을 때까지 세상 빛을 보지 못할 가능성이 큽니다. 아마 그는 죽는 순간까지 자신이 왜 그곳에 있어야 하는지를 모르겠지요.

장애인과 더불어 살아야 할 이유

"피해가 많든 적든, 고의든 아니든, 피해는 피해다. 그리고 가해행위를 넘어, 장애인이라는 존재는 비장애인들에게 부담이 된다. 스스로도 제대로 챙길 수 없으니 가족과 이웃들에게 큰 짐이 되며, 이들을 위해 따로 시설을 만들고 복지비를 챙겨주느라 비장애인들의 세금이 소비된다."

이렇게도 말할 수 있겠습니다. 자, 그러면 우리는 왜 장애인을 사회 차원에서 돌보는 걸까요? 언제부터 그랬을까요?

고대인들은 장애인을 어엿한 시민으로 대하지 않는 경우가 많았습니다. 시민이면 자신을 돌보고 공동체의 일에도 힘을 보태야 하는데, 장애인은 어느 것도 할 수 없다는 이유였지요. 스파르타에서는 태어난 아이가 장애인이면 그 자리에서 죽였으며, 플라톤과 아리스토텔레스 같은 위대한 철학자들도 그것이 올바른 행동이라고 여겼습니다. 그래도 날 때부터가 아니라 사고로 장애인이 된 경우, 특히 전쟁에서 입은

이토록 다정한 개인주의자

부상 때문인 경우에는 시민들의 돌봄을 받았습니다. 그렇지 않은 장애인도 신전의 허드렛일을 하거나 악사가 되는 등 어느 정도 제 몫을 할 수 있으면 굳이 죽이거나 추방하지 않기도 했습니다.

기독교는 이런 태도를 웬만큼 완화했습니다. 예수 본인이 여러 장애인을 치료하는 기적을 행했다 하고, 성 길레스나 쿠페르티노의 성 요셉처럼 장애인들의 수호성인도 나왔지요. 모든 사람은 신의 자녀라고 여겨졌기 때문인데, 그것이 꼭 권리의 평등과 연결되지는 않았습니다. 중세시대의 반역자나 숙청당한 왕족은 눈이나 손 등을 도려냈는데 이는 '정상인'만이 힘과 권위를 가질 수 있다고 생각했기 때문이지요.

결국 근대의 천부인권 사상과 국민주권 민주주의가 나오며 장애인을 포함한 모든 사람의 권리는 동등하다고 인정하게 됩니다. 스위스 철학자 장자크 루소는 "모든 사람은 태어날 때 자유로우나, 도처에서 사슬에 묶여 있다"라며, 사람들 사이에 등급을 나누는 일은 결코 자연스럽지 않은 적폐라고 주장합니다.

이를 윤리학에서 이어받은 대표적 철학자는 칸트였습니다. 그는 "모든 사람을 수단이 아닌 목적으로 대우할 것"을 그의 윤리학 체계의 절대 지침으로 삼았지요. 말하자면 스스로 선택할 수 없었던 것, 태어날 때 가지고 나온 것을 두고 차별하는 일은 그 어떤 경우에라도 부정됩니다. 그게 성별이든, 피부색이든, 잘 움직이지 않는 손발 또는 두뇌이든 말이지요.

루소와 칸트의 사상을 이어받은 존 롤스도 정의론 체계를 세울 때

무지의 베일이라는 개념을 썼지요. 모든 사람이 참여해 정의의 규칙을 정하는 사회계약을 맺는데, 이때 각자의 성향이나 입장, 장단점 등을 일체 모르는 듯 무지의 베일을 쓴 채로 정해야 한다는 것입니다. 각자의 입장을 돌아보면 저마다 자신에게 유리하게 규칙을 정하려 할 테니까요. 그러면 누구나 '내가 약자일 수도 있다'라는 생각에 따라 사회적 약자에게 가장 유리하도록 정의의 규칙을 정하게 된다는 것이지요.

루소, 칸트, 롤스의 아이디어는 장애인을 배려하는 일이 동정심에서 비롯될 필요가 없음을 의미합니다. 우리 모두 언젠가는 장애인이 될지 모릅니다. 그렇다면 장애인을 차별하고 무시하는 것이 사회적 룰이면 어떻게 될까요? 또한, 장애인이 되지 않더라도 우리는 어떤 의미에서는 약자입니다. 나보다 돈이 많은 사람, 머리가 뛰어난 사람, 권력을 많이 가진 사람 들은 어디에나 있습니다. 그러면 상대적으로 나는 어떻게든 약자에 속할 수 있지요. 심지어 일론 머스크 같은 세계적인 대부호라 해도, 나이라는 점에서 보면 젊은이들보다 약자입니다. 장애, 노령, 저학력, 소수자 집단 소속 등의 약점을 배려하지 않고 억압 또는 혐오하는 게 사회의 규칙이고 상식이 되어 버리면 나 또한 언젠가는 그런 규칙과 상식에 따라 배제될 수 있는 것입니다.

물론 역사가 철학에 따라 고르게 발전하지는 않았습니다. 서구인들은 제국주의 시대부터 현대에 이르기까지 인종차별의 미망에서 자유롭지 못했습니다. 그 절정은 특정 인종, 성소수자, 그리고 장애인을 인간 이하로 보고 박멸하려 했던 나치 독일에서 나타났습니다. 그리고 나치의 악몽을 진저리나게 겪은 독일인들은 오늘날 세계에서 장애인을 가장 잘 배려하는 나라를 만들었습니다.

지금 우리가 겪고 있는 '왜 장애인들과 같은 학교, 같은 동네에 있으면서 불편을 겪어야 하는가?'라는 의문에 그들은 "그들도 우리이기 때문에"라고 대답합니다. 장애인을 스파르타나 나치처럼 박멸하지 않을 바에는 오히려 그들과 가까이 지내는 기회를 많이 가지려 해야 합니다. 그래야 그들을 이해할 수 있고, 그들을 공연히 두려워하거나 혐오하지 않을 수 있으니까요. 장애인의 입장에서도 적대적이지 않은 비장애인들과 어울려 지내야 스스로 행복할 수 있고, 비장애인들의 발작 버튼을 누르지 않게 조심할 수 있습니다.

앞서 본 게시글의 댓글에 보면 장애인에게 폭행을 당했다거나 하는 경우도 있지만 '장애인들이 이상 행동을 하는게 무섭다', '장애인이 내 쪽으로 다가오면 소름이 끼친다'며 '피해 사례'를 들기도 합니다. 평소에 장애인을 대해 보지 않았기 때문에 그런 것입니다. 마치 우리 조상들이 백인들을 처음 보았을 때, 그들의 괴상한 용모와 알아듣지 못하는 말에 소름 끼쳐 했던 것처럼요.

사람이 사람으로서 간직해야 할 것, 연민

루소-칸트-롤스를 따르며 장애인을 배려하고 관용해야 할 합리적 이유를 찾아 보았지만, 사람이란 합리성에서만 윤리적 행동을 이끌어내기 힘든 존재이기에 감성적 근거도 찾아봅시다. 앞서 들었던 아르마

티아 센과 비슷하게 역량이라는 개념을 중시했던 미국의 철학자 마사 누스바움(Martha Nussbaum)을 생각해 봅시다.

그는 나보다 역량이 떨어지는 타인을 어떻게 대할 것인가의 문제에서 연민을 제시합니다. 연민은 운이 조금 더 좋았더라면 겪지 않았을 중대한 고통, 가령 죽음이나 질병, 빈곤, 사랑하는 사람의 상실, 신체 장애 등을 겪는 사람에 대해 일어납니다. 인간은 홀로 살지만 또한 더불어 사는 존재이기에, 자신과는 딱히 상관 없는 타인의 불운에 대해서도 가슴이 아프고 눈물이 나오는 것입니다. 여기까지는 앞서 이야기한 애덤 스미스의 동감과 비슷합니다(33쪽 참고).

하지만 약간 다른 점은 누스바움의 연민은 타인이 그런 불운을 겪어야 할 이유가 없다는 일종의 분노가 동반되며, 그것이 그런 불운을 극복하는 데 자신이 힘을 보태야겠다고 결심하는 것과 연결된다는 점입니다.

분노는 연민에서 비롯되나, 방향이 엉뚱해질 수도 있습니다. 마사 누스바움은 사랑하는 어머니가 위독하다는 소식에 정신없이 공항으로 달려간 적이 있습니다. 그때 공항에서 즐거운 듯 웃고 떠드는 사람들을 보고 자기도 모르게 분노가 일어났다고 합니다. 그러나 그들이 자신 및 어머니의 불운을 유발한 사람들이 아니라는 이성적 되새김으로 그런 분노를 가라앉힐 수 있었다고 하지요. 우리 이야기에서 자기 아이를 죽게 만든 장애인 소년에게 쏟아진 아이 어머니의 분노(아이의 어머니는 결국 그 분노를 다스릴 수 없었기에 있는 수단을 다 해 그 소년이 법적

이토록 다정한 개인주의자

처벌을 받게 하려 애썼습니다)도, 그 사례를 접하고 해당 소년과 장애인 일반에 대해 느낀 사람들의 분노도 그처럼 방향이 잘못된 분노겠지요.

이런 분노를 추스르고, 바른 방향으로 인도하며, 연민할 만한 사람에게 연민을 느끼도록 자기 감정을 잘 조절하는 철학으로 누스바움은 스토아주의를 듭니다. "행복하고 싶은가? 그렇다면 다른 사람들의 행복을 위해 애써라. 자신의 행복에만 몰입해 있으면 영원히 행복해질 수 없으리라(세네카)", "인간의 참된 가치는 얼마나 사랑받느냐에 달려 있지 않다. 얼마나 사랑을 베풀었느냐에 달려 있다(에픽테토스)", "신을 탓하지 마라. 신의 행동에는 뭔가 이유가 있기 때문이다. 남을 탓하지 마라. 사람은 자신의 행동의 이유도 잘 모르기 때문이다. 결국 아무도 탓하지 마라(마르쿠스 아우렐리우스)" 등등. 이처럼 스토아 사상가들은 '사람이 이게 가능해?'싶을 정도로 자기 감정의 방향을 바꾸고, 가라앉히고, 아집에서 벗어나 대의를 바라보라고 역설했습니다.

누스바움은 이런 스토아 철학의 고귀함을 높이 평가합니다. 다만 오늘날에는 그것만으로는 부족하다고 합니다. 고대적 환경에서 스토아 철학자들은 개인의 내면에만 집중하고, 제도의 개혁에는 소홀했으며, 인간에게만 연민을 베풀고, 동물과 같은 존재부터 나아가 지구 환경에는 무관심했기 때문이지요. 그래서 스토아 철학의 아이디어를 보다 확장하여 세계적 규모에서 실천하는 '세계적 스토아주의'가 오늘날의 우리에게, 우리가 겪는 수많은 불운의 해결에 필요하다고 말합니다.

그 가운데는 날 때부터 불운을 짊어지고 나와서 우리가 상상하기 어려운 고통을 겪으며 살아가는 장애인들에게 올바른 연민을 가질 것을 포함합니다. 또한, 그들이 좀 더 배려가 필요하다고 외칠 때 그것이 어떠한 괴물의 몸부림처럼 보이는 지적 장애인의 돌발 행동이든 아침 출근길을 더 혼잡하고 힘들게 만드는 장애인 단체의 단체 행동이든 일어나는 분노를 올바른 방향으로 향하도록 쓰다듬을 것을 반드시 포함합니다.

내가 모르는 사람의 죽음을
반드시 슬퍼해야 할까?

아르투어 쇼펜하우어, 샤덴프로이데와 악

몇 해 전, 이태원에서 대형 참사가 있었습니다. 150여 명의 청년들이 사망한 커다란 사고였지요. 거기에서 살아남았던 한 피해자는 사고 관련 영상에 당시의 상황을 자세히 설명한 댓글을 남겼습니다. 그 댓글의 끝에는 이런 말을 남겼었지요.

"가장 사랑하는 두 명의 사람과 함께 추억을 쌓으려고 이태원을 갔지만 결과는 가장 사랑하는 사람 두 명을 잃었습니다. 10대 사망자가 20명이 안 된다는데 그중 두 명이 제가 사랑하는 사람이라는 사실이 너무 받아들이기 싫었습니다. 다시는 이런 비극이 일어나지 않았으면 합니다."

[표26] 이태원 참사 영상에 달린 악플

댓글 ▼
피해자 ㄴㄴ 그냥 놀다가 다친 사람
유명인 떴다고 비좁은 골목으로 자의로 기어들어갔는데 어떤 대책이 가장 시급할까… 남탓하기 전에 개념부터 심는 게 시급할듯

이 댓글에는 명복을 빈다, 마음이 얼마나 아팠겠느냐 등 공감하는 댓글이 많았지만 악플도 셀 수 없이 많아 보였습니다(표26).

더 많은 악플들이 있었지만 이 정도만 소개하도록 하겠습니다. 이 댓글들로 인해 이후 더 참담한 일이 벌어졌거든요. 사고가 있고 약 한 달 뒤, 결국 이 댓글을 남겼던 피해자는 극단적인 선택을 하고 맙니다.

당시 기사에는 자살의 원인으로 희생자를 모욕하는 댓글로 받은 고통과 참사의 정쟁화, 중대본(중앙재난안전대책본부)의 조기 해체로 피해자를 오히려 더 힘들게 했다는 사실을 꼽았습니다.

이후 또 1년이 흐르고, 한 언론사에서 지난 1년간 이태원 참사에 관한 기사 5만여 건, 그에 딸린 댓글 230여 만 건을 수집해 분석했습니다. 이 댓글 중 약 30퍼센트는 악의적 평가나 혐오성 댓글, 기사 가운데 41퍼센트는 정부와 국회를 취재원으로 하는 정치 분야 기사였다고 합니다.

정부에서는 2차 가해를 막기 위해 악의적 게시글을 수사하고 삭제 조치했다고 했지만, 경찰 수사는 43건에 불과했고 이 가운데 검찰에 송치된 건은 17건이 불과했다고 합니다. 또한, 경찰이 방송통신심의위원회에 삭제나 차단을 요청한 게시글도 584건 뿐인 것으로 드러났습

이토록 다정한 개인주의자

니다.

맹자, 애덤 스미스, 마사 누스바움 등은 모두 타인의 아픔에 공감하고 동정하는 인간의 본성을 믿었습니다. 그렇지만… 150명이 죽었습니다. 대부분 아직 삶을 본격적으로 시작도 못해 본 청소년들이었습니다. 당연히 사회는 충격에 빠졌고, 애도의 물결이 차올랐습니다. 하지만 약 20년 전, 보통 효순미선 사건이라 알고 있는 사고가 터졌을 때 두 명의 청소년이 숨진 걸로 온 나라가 들끓었던 데 비하면, 비탄과 분노는 높은 편이 아니었습니다. 오히려 그런 애도 분위기가 불편하다는 이야기, 심지어 숨진 사람들을 조롱하고 비하하는 이야기까지 나왔습니다.

왜 그랬을까요? 20년의 시간이 흘렀기 때문에? 당시에는 '가해자'로 보이는 사람들이 뚜렷이 있었지만 이번에는 그렇지 않았기 때문에? 사람이 여럿 죽고 그에 대해 국민적으로 애도하는 일이 여러 번 있다 보니 심드렁해져버렸기 때문에?

'나는 상관없어', '다 네 탓이야'

사이버상의 여러 글에서 그 까닭을 찾아보면, 먼저 '알빠노'의 정서가 있는 듯합니다. 사회적으로 널리 알려지고 이슈화된 '비극'이라도, 나의 가족이나 친구처럼 친밀한 사람들이 변을 당한 게 아닌 이상 "내가 알 바가 아니지 않나(알빠노)?"라는 거지요. '1년 동안 교통사고로 숨지는 사람이 3천 명 정도 된다. 매년 그들을 애도하는 분향소가 설치

되고 위령제를 지내냐? 한 곳에서 한꺼번에 좀 많은 사람이 죽었을 뿐, 별다르게 볼 게 아닌 사고다'라는 냉정한 말도 나옵니다. 언뜻 보기에는 그럴듯합니다.

하지만 죽은 사람들은 모두 누군가의 가족이거나 친구지요. 그들이 뭔가 '정신 나간 짓'이라도 해서 자기 무덤을 판 게 아닌 이상, 그런 일은 나에게도 나의 지인에게도 닥칠 수 있는 일이 아닐까요? '진상규명과 만약 문책당할 만한 실책이 있었다면 책임자를 문책하는 일, 그리고 다시는 비슷한 일이 없도록 시스템을 정비하는 일이 필요하지 않을까요?

이런 주장에 대해서는 '누칼협'이라는 반응이 나옵니다. 진상규명을 하고 말고 할 것 없다, 그냥 어쩌다가 일어난 사고이고 죽음에 대해서는 그 누구도 아닌 죽은 사람들이 책임질 일'이라는 것이지요. "뭐, 누가 그때 그 자리에 가서 있으라고 칼 들고 협박했나(누칼협)?"라는 이야기입니다. 이런 누칼협 소리에는 대체로 이런 주장이 이어집니다. '놀러 가서 우르르 몰려다니다 제풀에 죽은 건데 왜들 난리야?', '아마 마약도 했을걸?' 사실상 '정신 나간 짓을 해서 자기 무덤을 판 것'이나 다름없다고 봐야 한다는 것입니다.

어떤 사고의 책임은 전적으로 사고를 당한 개인에게 있다는 주장은 설득력이 없지 않습니다. 두 여중생도 하필 사람이 거의 다니지 않고 군 장갑차가 수시로 다니는 길을 다닌 게 잘못이고, 바다 속에서 삶을 마감한 청소년들도 오래 걸리고 위험한 뱃길 수학여행을 거부하지 않은 게 잘못이겠지요. 누칼협은 사고가 아닌 일에도 적용됩니다.

이토록 다정한 개인주의자

배달비가 자꾸 올라 짜증났는데 이번에는 포장 비용까지 추가했다고? 그럼 안 시켜먹으면 되잖아? 누칼협? 요즘 교권 붕괴가 심해서 학생도 말을 안 듣고 학부모는 걸핏하면 말도 안 되는 민원을 남발해 우울증이 왔다고? 왜 교사가 돼서 그 고생하는데? 누칼협? 요즘 노키즈존 써붙인 음식점이 점점 늘어서 애 데리고 외식 한 번 하기 힘들다고? 그러게 누가 애를 낳으래? 누칼협?

누칼협은 온갖 사회 모순과 병폐, 구조적 문제점에 대해 눈을 감고, 모든 것은 개인의 실수, 노력 부족, 불운 때문이라 쳐버리는 태도와 맞물려 있습니다.

표27처럼 박봉에 업무 강도가 세면서 보람도 없는 일에 종사해야 하는 신세를 한탄해도, 제도적 개선을 모색해야 한다는 말보다 누칼협이 돌아옵니다. '누가 그 따위 직장에 다니래? 그러게 학교 다닐 때 공부 잘 하지! 지금이라도 죽어라 노력하면 되는 걸 왜 구시렁거려?' 좋습니다. 일리가 없지 않습니다. 하지만 《톰 아저씨의 오두막》을 읽은 미국 백인들이 저마다 '알빠노!'를 외쳤다면? 근로기준법을 지켜 달라 부르짖으며 분신자살한 전태일의 주검 앞에 모두가 '누칼협?'을 던지고 말았다면? 지금 우리는 어떤 세상에서 살고 있을까요?

어쩌면 알빠노, 누칼협은 스스로에게 들려주는 푸념일지도 모릅니다. 모두가 힘들게 사니까요. 물질적 조건은 그 어느 때보다 양호한데도 경쟁은 줄기는커녕 점점 더 느니까요. 요람에서 무덤까지 쉴 새 없는 경쟁, 경쟁, 경쟁에 지치다 보니, '그래서 나더러 뭘 어쩌라고? 나 좀

[표27] 삶의 고충을 토로하는 게시글과 댓글

이게 전부 다 내 탓이라고?

늬들한테 160만 원은 푼돈일지 몰라도 나는 왕복 3시간 출퇴근하고 9시간 상담원 일해. 힘들게 출근해서 성질내는 고객에게 매일 죄송하다고 사과하며 한 달이 지나야 비로소 받는 돈이 170만 원이다. 여기서 생활비 50만 원과 월세 40만 원을 빼면 80만 원이고 친구 몇 번 만나면 금세 70만 원이야. 여기에 보증금 대출 이자랑 원금 갚고 부모님 용돈 드리면 꼴랑 10~20만 원 남아.

돈을 모으려 해도 한 달 벌어 한 달 먹고 살기도 빠듯해 그럴 수가 없다. 다리가 안 좋아서 서서 하는 일도 못해. 여자가 할 수 있는 사무직이 딱 저거 하나더라. 아무런 답도 없고 미래도 없는 그런 답없는 인생을 사는 거다.

댓글 ▼

근데 왜 공부해서 자격증 취득할 생각은 안 하고 상담원 하는 거야? 나도 상담원 알바해 봤는데 진짜 직업으로 갖고 싶지 않아서 더 빡세게 공부했어. 여자가 할 수 있는 사무직 회계나 사무보조도 있고 비서도 있어. 다만 자격증이 필요할 뿐이지. 벗어나고 싶으면 공부를 조금 하는 게 어떨까 싶음…

여자가 할 수 있는 사무직이 얼마나 많은데

어릴 때 공부 안 한 니 탓을 해야지 왜 신세 한탄을 하냐. 여자가 할 수 있는 사무직이 저거밖에 없는 게 아니라 고졸 여자가 할 수 있는 직업이 저런 거밖에 없는 거지. 세상을 욕하지 말고 지금부터라도 공부하고 계단 하나라도 올라가기 위해 꿈틀거려. 비관만 해서 뭐가 달라지냐

내버려 둬. 나는 나 하나 챙기기도 힘들단 말야!' 하며 비명을 지르고들 있는지도 모릅니다.

슬픔을 강요하면 안 된다, 그러나

마지막으로 찾을 수 있는, '불충분한 애도와 애도에 대한 비판'의 근거는 이것입니다.

'왜 슬픔을 강요하나요?'

이런 기사 내용도 한번 생각해 봐야 합니다. 국가애도기간이 선포됨에 따라 이에 대한 찬반 양론을 다룬 기사*가 있었습니다. 이 기사가 밝힌 바에 따르면, 온라인에서 조심스레 나온 비판론은 한 배우가 SNS를 통해 "애도를 강제 강요하지 말라"라고 말하며 폭발했습니다. 이후 한 작곡가 역시 "왜 유독 공연 예술가만 일상을 멈추고 애도를 해야 할까?"라며 정부를 꼬집기도 했습니다.

이에 따른 찬반 양론이 분분한 가운데, 애도기간을 가지되 국가가 모든 국민에게 애도를 강요해서는 안 된다는 주장이 설득력을 얻고 있다고 말합니다. 한 평론가는 "이처럼 다양한 질문을 던지고 논쟁하는 게 민주주의 사회"라고 짚었다는 말로 마무리를 맺고 있지요.

'남들은 몰라도 나는 별로 슬프지 않다. 그게 잘못인가? 왜 모두 빠짐없이 슬퍼해야만 한다고 강요하는가?' 이런 주장은 충분히 일리 있습니다. 개인이 어떤 감정이 들지 않는다고 해서 그게 비윤리적이지는 않지요. 더구나 국가가 공권력을 써서 애도기간을 정하고, 그 기간 중

한국일보
(왜 슬픔 강요하나… '국가애도기간' 선포에 온라인 논란 분분)

여러 엔터테인먼트 관련 행사나 상품 거래를 금지하는 일은 자유주의 철학과 정면 충돌합니다. 상례를 중시한 조선시대에서조차 재난으로 많은 사람이 죽으면 임금이 "내가 부덕하여 이리되었다" 하며 스스로 먹을거리를 줄이고 음악을 연주하지 말라고 하는 등의 자숙기간을 가졌지만, 백성과 신료들에게 애도를 강요하지는 않았지요.

다만 내가 슬프지 않다고 남들도 슬프지 않은 것은 아니며, 오히려 충격을 받고 안타까워하는 사람이 더 많을 수 있습니다. 가령 회사 동료가 상을 당했다고 내가 정말 슬프지는 않지만, 문상을 가서 슬퍼하는 동료를 위로하고, 문상 도중 크게 웃거나 떠들지 않는 게 예의겠지요. 따라서 어느 정도의 애도를 정부가 나서서 권장하는 일은 그렇게 크게 비난받을 일은 아닐 듯합니다.

이에 대한 신문 기사**도 살펴볼까요? 한 시사평론가는 기사를 통해 "국가적인 애도나 추모를 한다는 건 다신 이런 일이 발생하지 않도록 계기점을 만드는 것"이며 "애도기간을 넘어 다른 것까지 하는 건 과잉일 수 있지만, 애도기간 자체는 사고의 원인을 밝히고 대책을 세워 재발을 막는다는 점에서 필요하다"라는 의견을 밝혔습니다.

다른 심리학 교수는 "이 사고는 사회적 재난이고 규모가 굉장히 컸기 때문에 상실에 대한 마음을 정리하고 앞으로의 일을 대비하는 기간

◆◆
경기신문
('강요'냐 '자율'이냐, 이태원 참사 '애도' 둘러싼 논쟁)

이토록 다정한 개인주의자

이 필요하다"라고 설명했습니다. 또한 "동일시 효과 또는 공감 효과가 높은 집단군과 장소에서 발생한 일이기 때문에 많은 사람들에게 간접적으로라도 트라우마(사고 후유 장애)와 같은 영향을 주었을 것이며, 애도기간을 갖지 않으면 나중에 심리적 외상이나 스트레스를 받았을 때 급격히 무너질 수 있다"라고 부연하기도 했다고 합니다.

다만 전문가들은 "애도기간은 필요하고, (정부의) 발언이나 대처는 그와 구분해서 봐야 한다. 정부가 애도기간을 가진 만큼 국민들의 의견도 받고 그 이후에 냉정하게 스스로를 돌아봐야 한다"라고 말하고 있습니다.

그래도 국가 애도기간은 불편하다, 부당하다는 의견은 '나라 지키다 죽은 것도 아닌데!'라는 생각과 주로 연관됩니다. 표28을 통해 한 커뮤니티에 올라온 댓글을 함께 봅시다. 어떻습니까? 말하자면 이는 결코 '천안함'처럼 애도할 만한 '가치'가 있는 죽음이 아니며, 국가나 사회가 나서서 애도하기에 부적당하다는 것입니다.

글쎄요. 어떤 죽음은 다른 죽음보다 더 고귀할지도 모릅니다. 하지만 모든 죽음이 갖는 비극성은 똑같으며, 똑같이 애도받을 자격이 있습니다. 그런데 왜 이런 볼멘소리가 많이 나왔느냐? 심지어 '그래도 전처럼 답정너가 아니고, 엿먹으라면서 반대하는 움직임도 커서 다행'이라고 하느냐?

댓글들을 잘 살펴보면 이런 이야기들에 어울리지 않을 듯한 단어가 하나 떠오릅니다. 바로 '정치'입니다. 2002년 미선·효순 사건부터 20년

[표28] 이태원 참사 국가 애도기간과 관련한 댓글 반응

댓글 ▼
사람이 150명이 죽었으니 안타까운 사고라는 걸 부정할 사람은 없음. 그런데 이게 국가 전체가 다같이 슬퍼해야 할 일은 아니라고 생각함. 애도기간 7일에 지원금, 직장에도 검은 리본을 달고 와라 이러는데, 군대나 산업현장에서 사망자가 어떤 취급을 받아왔는지 다 아니까 열받음. '사람의 목숨에는 경중이 있다. 그런데 이태원에 놀러 간 사람 목숨이 군대에서 나라 지킨 목숨보다 중하다'라고 선포한 것과 같지 않나 싶다
OO해라 라고 강요하는 것부터 파시즘적인 듯
천안함보다 2일이나 더 긴 애도기간 때문에 원성이 커지는 건 당연했음
누구는 놀러나갔다 죽어도 애도해 주는데 누구는 빵 만들다 죽어도 겨우 빵 한 박스 보내 주는구나

이 지나는 동안, 여러 비극적인 사망 사건들은 당시의 집권 세력에 대해 정치적인 악영향을 미쳐왔습니다. 이에 일정 정치세력이 비극을 이용해서 자신들의 입지를 강화하는 '시체팔이'를 하는 것 아니냐는 의구심이 차차 고개를 들기 시작했고, 정치인들은 얼마간 그런 의구심에 근거를 보탰습니다.

한쪽에서는 철저한 진상규명을 하겠다고 부르짖음으로써 선거에서 이기고(그러나 이후 크게 달라지는 것은 없었고), 다른 쪽에서는 진상규명 촉구 시위에 참석하지 않을 것은 물론 사건에 대해 공식 언급하지도 말도록 공무원, 교사들에게 강제하며 정치적 중립 의무를 이유로 내걸었지요. 이러다 보니 '천안함을 말하면 우파, 세월호를 말하면 좌파'라는 식의 프레임이 자리 잡기에 이릅니다.

이태원 사건에 이르러서는 정부가 나서서 애도기간을 선포하는, 어찌 보면 크게 문제될 것이 없는 듯도 한 일조차도 양쪽에서 정치 음모론을 펼칩니다. '제2의 세월호라면서 과장과 조작으로 현 정부를 깎아내리려는 속셈이 뻔히 보인다', '진상규명과 책임자 처벌은 나몰라라 하면서 왠 애도? 감정팔이 하며 어물쩍 넘어가려는 수작 아니냐?'

뭐든 정치, 정확히 말하면 정파의 색안경을 쓰고 보려는 습관이, 어릴 때부터 그치지 않는 과도한 경쟁으로 어느새 몸과 마음에 밴 살벌한 개인주의가, 타인의 고통에 대해 자연스럽게 올라오려는 연민을 틀어막습니다. 그리하여 '각자도생'이 최고의 지혜인 양 자리 잡고, '무슨 수를 써서라도 우리 편이 이기면 그만'이라는 이른바 정치고관심층과 '이놈이 되든 저놈이 되든, 세상은 언제나 이 모양'이라고 체제 개혁의 비전을 체념해 버린 정치무관심층만 사회를 채웁니다. 이렇다면 앞으로 세상이 나아지리라는 희망은 밝혀 죽고 맙니다.

우리 안에 실재하는 악과 희망

악(惡)은 어떤 이들에게는 그 종교의 신에게 거역하는 것이며, 어떤 경우에는 재해, 기근, 전쟁 등처럼 심각한 고통과 피해를 주는 것입니다. 그렇지만 현대 윤리학-철학에서 볼 때 악의 개념은 대체로 두 가지로 정리됩니다.

하나는 무관심으로서의 악입니다. 타인이 아무리 곤경에 처해 있어도 "알빠노?", "누칼협" 시전으로 넘어가고, 세상을 조금이라도 더 낫게

하려는 노력에는 "네가 그리 잘 났어?", "어느 당에 표 보태려고 그러는 거야?"라는 조롱만 남기고, 심지어 타인을 고통스럽게 하는 일조차 "세상이 다 그렇지 뭐. 내 책임은 아냐" 하며 주저없이 행하는 모습, "내가 뭐 힘 있나? 단지 명령대로 할 뿐이지"라며 유대인들을 무수히 학살했던 아이히만에게서 한나 아렌트가 본 악의 평범성이 그것입니다.

다른 하나는 샤덴프로이데의 악입니다. 독일어 샤덴(Schaden, 고통)과 프로이데(Freude, 기쁨)의 합성어인 샤덴프로이데는 '타인이 고통스러워하는 모습에 기뻐하는 것'을 뜻합니다.

이 합성어를 철학적으로 중요시한 사람은 칸트입니다. 그는 《이성의 한계 안에서의 종교》에서 이를 '근본적인 악'이라고 불렀습니다. 칸트의 예찬자이자 비판자였던 아르투어 쇼펜하우어(Arthur Schopenhauer)는 그보다 더욱 샤덴프로이데를 경계했습니다. 그는 《도덕의 기초에 관하여》에서 이렇게 말합니다.

"질투에 대립적인 것에 남의 불행을 기뻐하는 마음이 있다. 그러나 질투는 인간적이다. 남의 불행을 기뻐하는 것은 악마적이다. 남의 불행을 보고 진심으로 기뻐하는 성향보다 더 분명히 사악한 마음과 극도의 도덕적 비열을 나타내는 것은 없다. 누군가 이런 성향을 가진 사람을 보았는가? 그러면 당장 그로부터 도망쳐야 한다. 영원히! (…) 이기적인 마음이 범죄와 모든 종류의 비리를 일으킨다. 그러나 그 때문에 타인이 피해를 보고 고통을 겪는 일은 그런 이기적 행동의 수단이지 목적이 아니어서,

다만 어쩌다 그리되었을 뿐이다. 반면에 악의와 잔인성은 타인의 고통만을 목적으로 한다. 그 목적의 성취인 타인의 괴로워하는 모습이야말로 만족스러운 결실이다. 이로써, 악의와 잔인성은 더욱 심각한 도덕적 타락이 된다. 극단적 이기주의의 준칙은 '네게 도움이 된다면(조건부이다), 누구든 해쳐라'이다. 한편 악의의 준칙은 '네가 할 수 있다면, 누구든 해쳐라'가 된다."

무관심의 악이 인간으로서 당연한 연민을 결여한 것이라면, 샤덴프로이데는 악마적인 마음, 타인의 불행을 즐기는 마음입니다. 무관심의 악이 소극적이면 샤덴프로이데의 악은 적극적입니다. 무관심의 악의 화신이 소시오패스라면 샤덴프로이데의 화신은 사이코패스입니다. 소시오패스 아니면 사이코패스로 넘치는 세상에서 살고 싶습니까? 그런 세상에서 살 수나 있겠습니까?

세상이, 아니 적어도 우리나라가 '망해가고 있다'는 말을 종종 듣습니다. "말세야, 말세!"라는 푸념은 수천 년 전부터 끊이지 않았다고 하니 지나친 말일지도 모르지만, 경제적으로는 역대 어느 때보다 풍요로운 시기임에도 더 나은 미래에 대한 비전은 잘 보이지 않고, 삶의 버거움은 아예 태어나는 일을 원천봉쇄하며, 태어난들 자살이나 어처구니없는 사고로 죽어가야 하는 사회… 그런 문제점을 두고 정치권은 집권에만 골몰하면서 도무지 개선의 실마리가 보이지 않는 세상이라면? 지금의 풍요로움이 최후의 화려함이 아니라고 누가 자신 있게 말할 수 있겠습니까? 윤리적 태도의 약화와 비인간적 태도의 심화, 그것은 AI, 기후변화, 동북아 전쟁보다 우리의 앞날에 더욱 어두운 그림자를 드리우고 있습니다.

무관심과 샤덴프로이데의 악에 대해, 여러 철학자와 심리학자 들은 그런 성향이 누구에게나 잠재되어 있다고 합니다. 가령 울고 있는 동생이나 자동차 고장을 푸념하고 있는 연인에게 공감하기보다 문제 해결책만 자꾸 들이미는 'T적 행동'도 엷은 무관심으로 볼 수 있지요. 또, 늘 엄친아였던 동기나 잘 나가던 연예인이 스캔들에 휘말려 하루아침에 모든 것을 잃게 되었다는 소식을 듣고 "아이구, 저런" 하면서도 살며시 유쾌하다는 기분이 일어나는 걸 느끼기 쉬운데, 이것도 일상 속에서의 한순간의 샤덴프로이데라고 할 수 있습니다.

문제는 우리가 기형적인 체제, 각박할 필요가 별로 없는데도 각박하게끔 만드는 환경에 오래 처해 있을 때 그런 성향이 점점 가지를 치고, 열매를 맺게 되는 것입니다. 선량한 시민일 수도 있었던 사람이 소시오패스나 사이코패스로 훈련되는 것입니다. 미선·효순 사건에서 20년! 우리는 어쩌면 그처럼 악을 키워 내는 환경을 만들고, 유지하고, 방치해온 것이 아닐까요?

희망은 아직 남아 있을지 모릅니다. 우리는 이제까지 무수히 많은 '비윤리적 댓글들'을 보았습니다. 그러나 '바르고 따뜻한 댓글들'도 없지는 않습니다. 묵묵히 선행을 실천하는 사람들에게는 많은 관심과 환호가 쏟아집니다.

가슴 저리는 부모의 자식 사랑 이야기, 어려운 환경을 이겨내고 끝내 우뚝 선 사람의 인생 이야기 등을 출근길에 휴대폰으로 읽으며 눈물을 참지 못합니다.

이런 소중한 마음들을 이어갑시다. 그리고 내가 '정의로운 댓글'이라고 믿었던 것이 어떻게 보면 전혀 그렇지 않았음을 깨닫는 일, 댓글과 게시글로만 토로해 온 정의를 실제 행동으로 구현할 결심을 하는 일, 집권 자체만이 목적이 되어 극한까지 양극화된 정치를 바로잡아 진실로 국민의 눈물을 닦아 줄 정치로 바꿔 나가는 일 등을 포함하여, 지금 우리가 사는 세상이 말세가 되지 않도록 애써 봅시다.

우리는 지금 '엔드게임'을 하고 있습니다. 그것이 '가망이 없는 것'일지, '희박하지만 유일한 희망을 찾아가는 것'일지는 우리에게 달려 있습니다.

로버트 달 1915 ~ 2014

현대 민주주의 이론에서 중요한 학자 중 한 명이다. 그는 다원주의와 민주주의의 관계를 탐구하며, 민주주의를 다양한 집단들이 권력을 공유하는 체제로 설명했다. 대표적인 개념인 다원민주주의는 여러 이익 집단이 경쟁하는 정치 체제를 통해 민주주의가 작동한다고 주장한다. 민주주의와 정치 참여, 권력의 분배 등에 관한 이론적 토대를 제공했다.

한스 요나스 1903 ~ 1993

현대 생태 윤리학과 환경 철학의 중요한 기초를 다진 인물로 잘 알려져 있다. 그는 기술 발전이 가져오는 윤리적 문제를 탐구하며, 인간이 환경과 미래 세대에 대해 책임을 져야 한다고 주장했다. 또한, 지속 가능한 발전과 환경 보호의 필요성을 강조했다.

소피아 모로 1972 ~

주로 정치철학과 윤리학을 연구하는 학자로, 불평등과 정의에 관한 주제를 탐구해왔다. 그는 사회적 불평등과 차별 문제에 대한 철학적 분석을 통해 공정한 사회를 위한 정책과 제도에 대한 논의를 이끌어 왔다.

아마르티아 센 1933 ~

인도 출신의 경제학자이자 철학자. 복지 경제학과 개발 경제
학 분야에서 중요한 기여를 했다. 그는 역량 접근법을 통해 인
간의 복지를 측정하는 새로운 방법을 제시했으며, 빈곤과 불
평등 문제에 대한 깊이 있는 분석을 제공했다. 1998년 노벨 경
제학상을 수상했다.

마사 누스바움 1947 ~

아마르티아 센과 함께 역량 접근법을 개발하여, 인간의 복지
와 사회 정의를 평가하는 새로운 기준을 제시했다. 누스바움
의 연구는 감정의 역할, 여성의 권리, 그리고 글로벌 정의 문제
에 대한 깊이 있는 논의를 포함하며, 현대 철학과 공공정책에
큰 영향을 미쳤다.

아르투어 쇼펜하우어 1788 ~ 1860

독일의 철학자로 염세주의와 의지철학을 주창한 인물이다. 그
는 세계를 무한한 고통과 욕망의 연속으로 보았으며, 이를 의
지라는 개념으로 설명했다. 쇼펜하우어의 철학은 후에 니체와
프로이트, 바그너 등 여러 사상가와 예술가들에게 큰 영향을
미쳤다.

더불어 사는 삶을 위한 최소한의 도덕

이토록 다정한 개인주의자

© 함규진 2024

인쇄일 2024년 8월 15일
발행일 2024년 8월 22일

지은이 함규진
펴낸이 유경민 노종한
기획편집 김세민 이지윤
유노책주 김세민 이지윤 **유노북스** 이현정 조혜진 권혜지 정현석 **유노라이프** 권순범 구혜진
기획마케팅 1팀 우현권 이상운 **2팀** 이선영 김승혜 최예은
디자인 남다희 홍진기 허정수
기획관리 차은영
펴낸곳 유노콘텐츠그룹 주식회사
법인등록번호 110111-8138128
주소 서울시 마포구 월드컵로20길 5, 4층
전화 02-323-7763 **팩스** 02-323-7764 **이메일** info@uknowbooks.com

ISBN 979-11-7183-047-3(03190)